This book belongs to

....

....

Fashion style

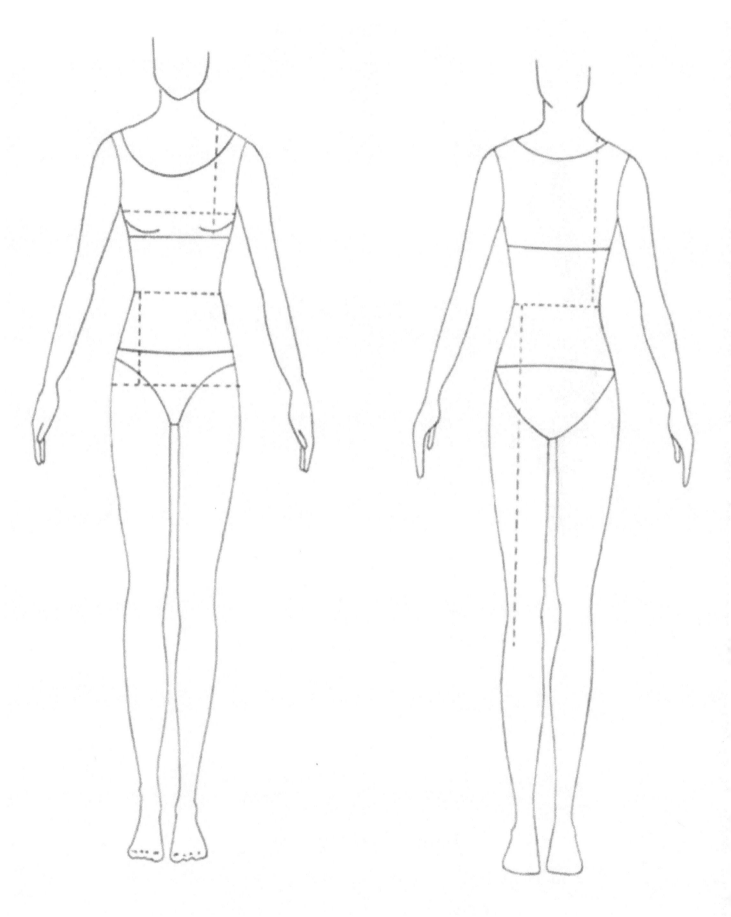

Create your fashion design

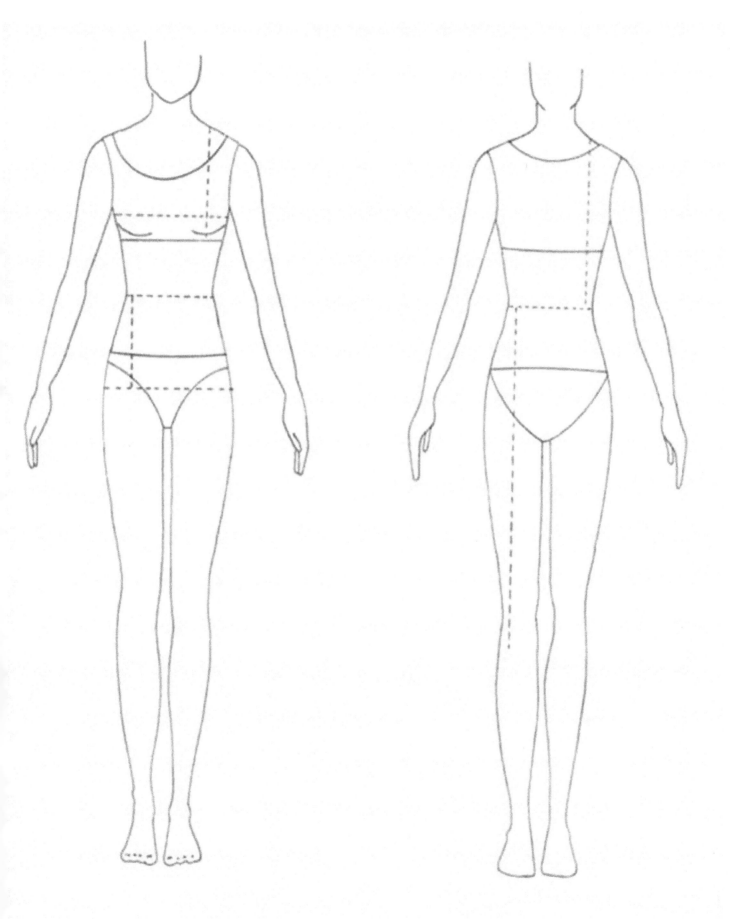

Create your fashion design

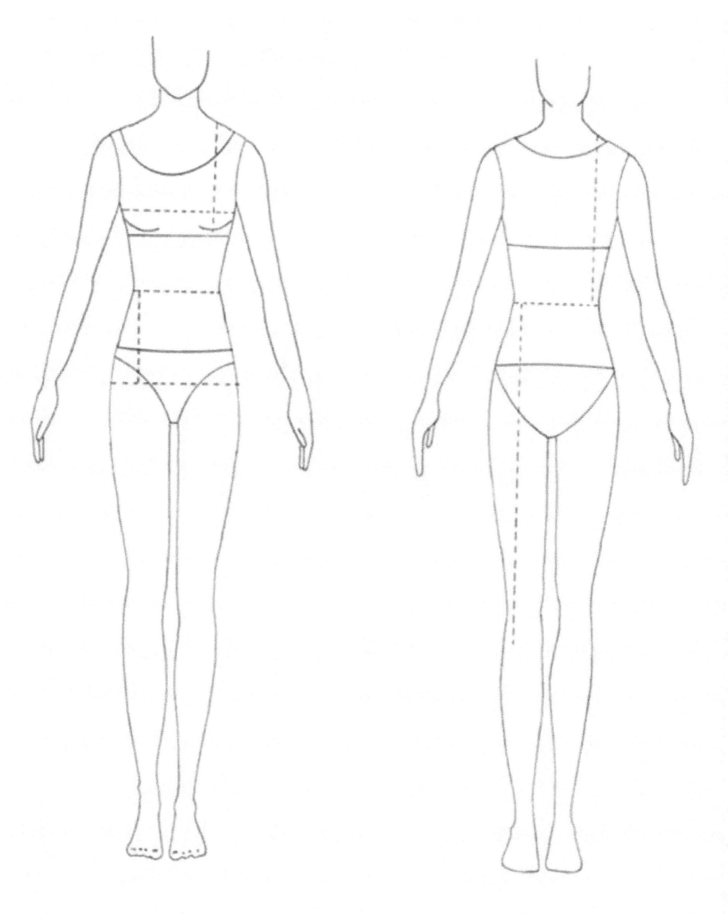

Create your fashion design

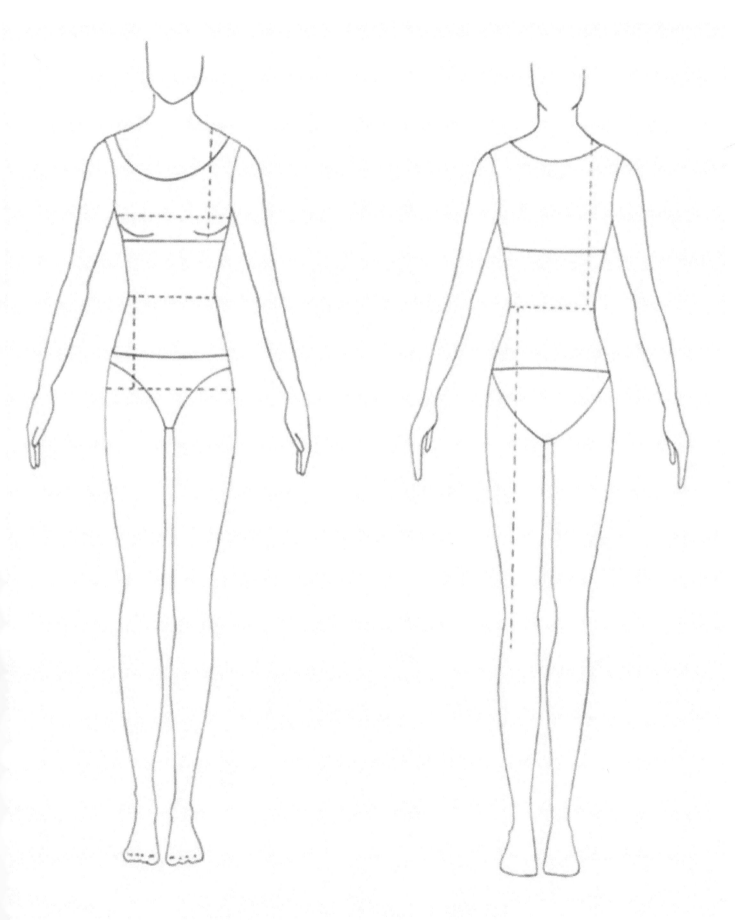

Create your fashion design

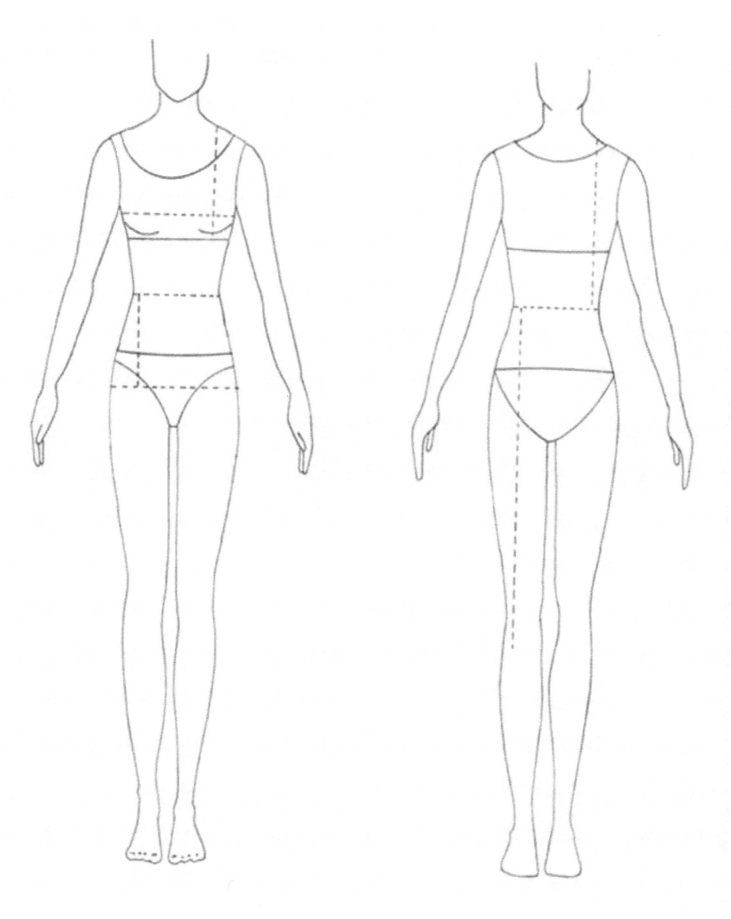

Create your fashion design

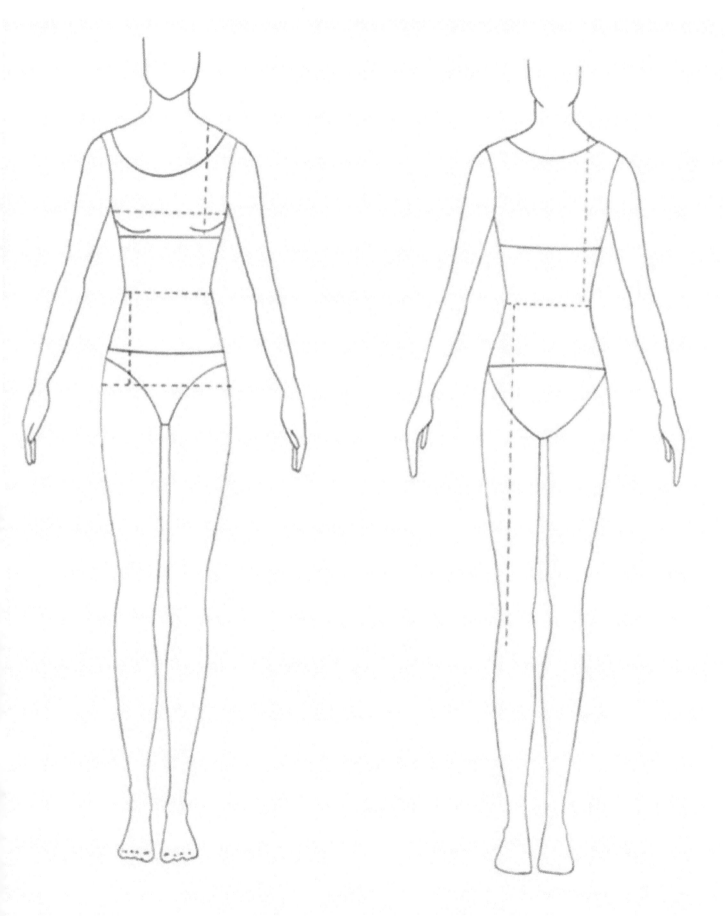

Create your fashion design

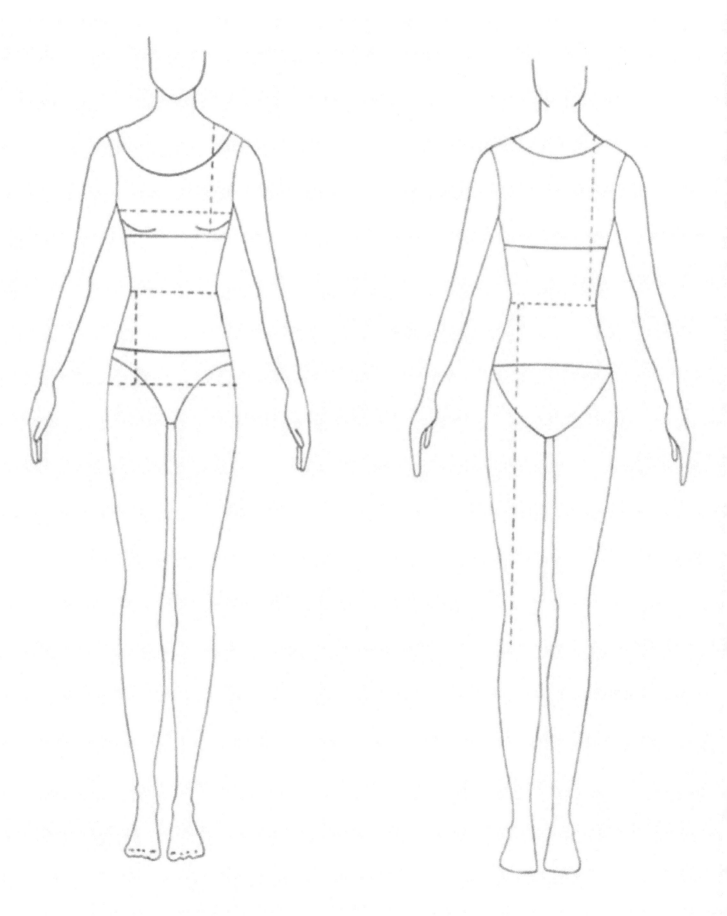

Create your fashion design

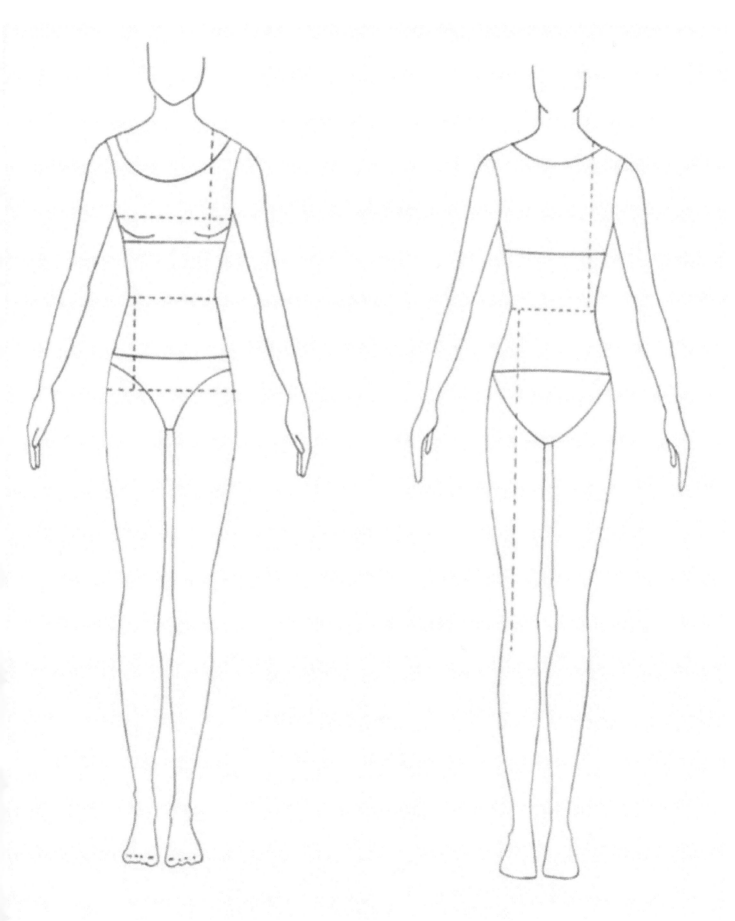

Create your fashion design

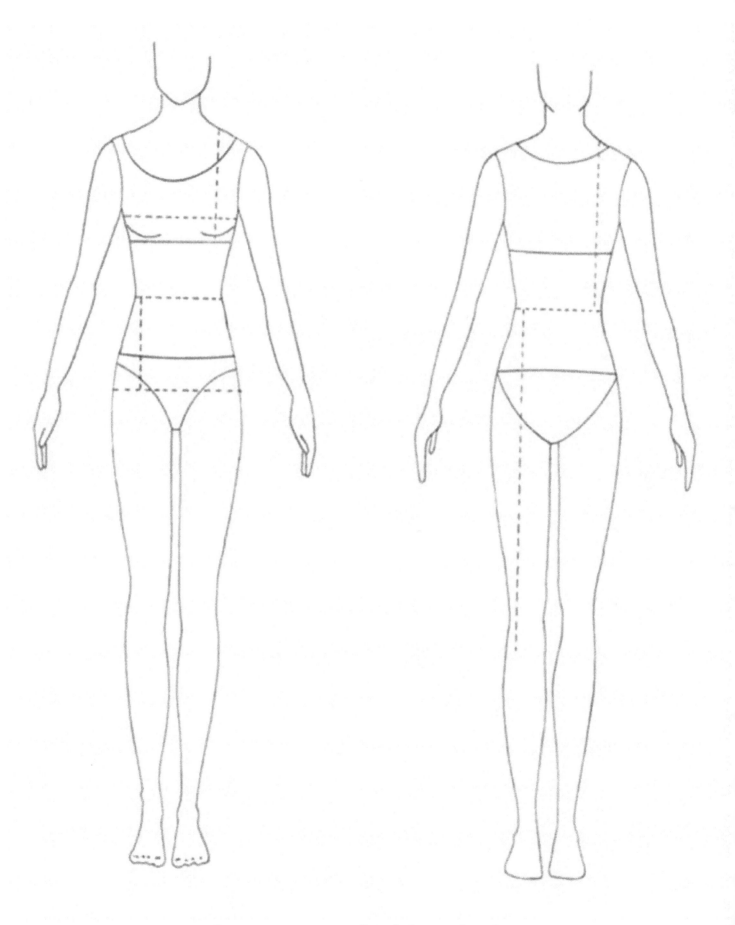

Create your fashion design

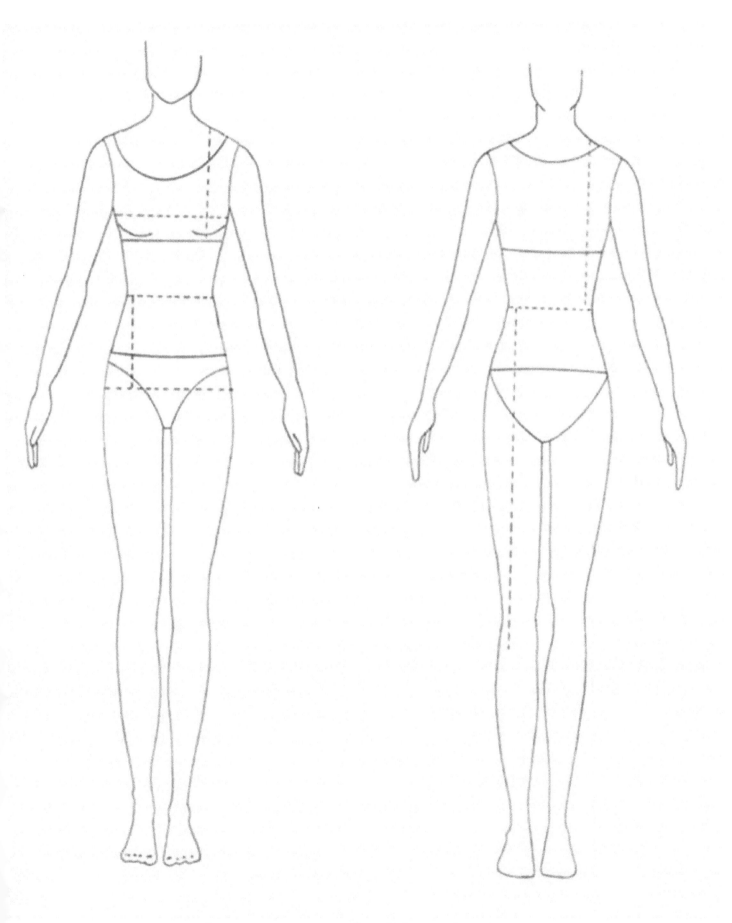

Create your fashion design

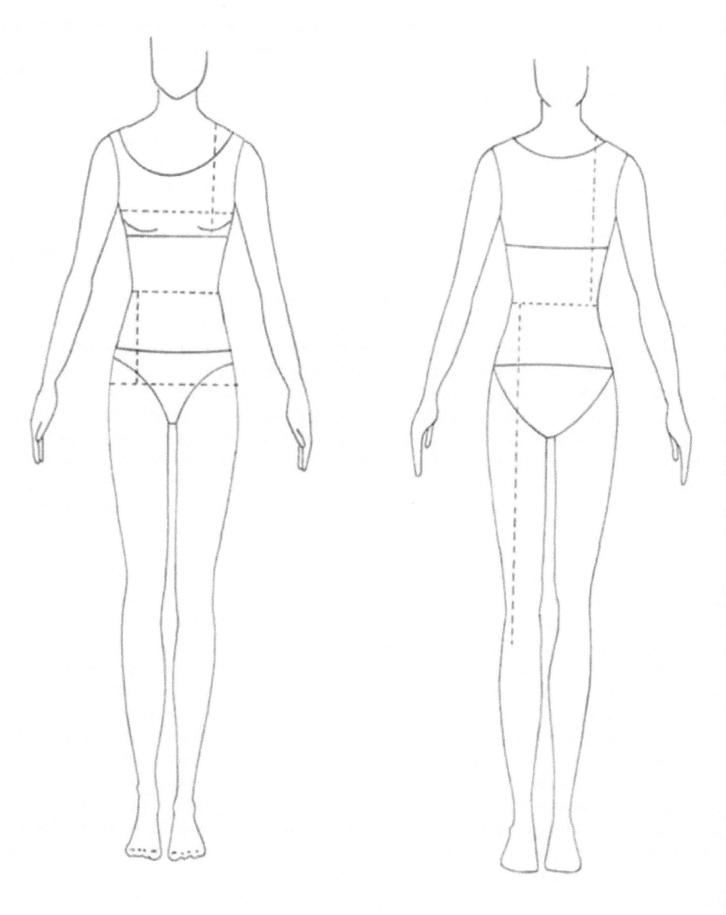

Create your fashion design

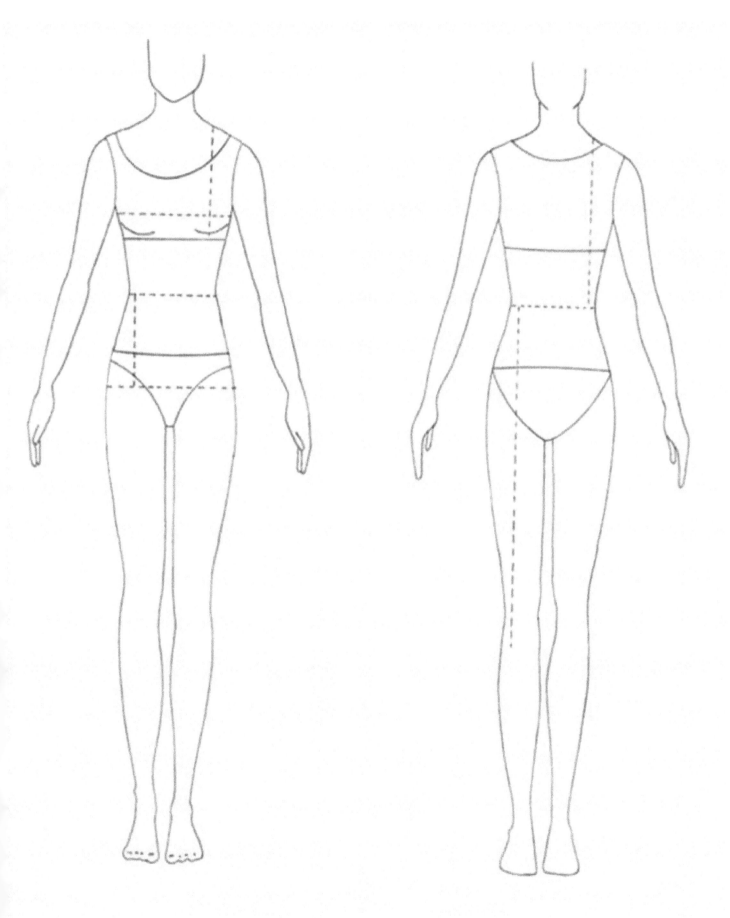

Create your fashion design

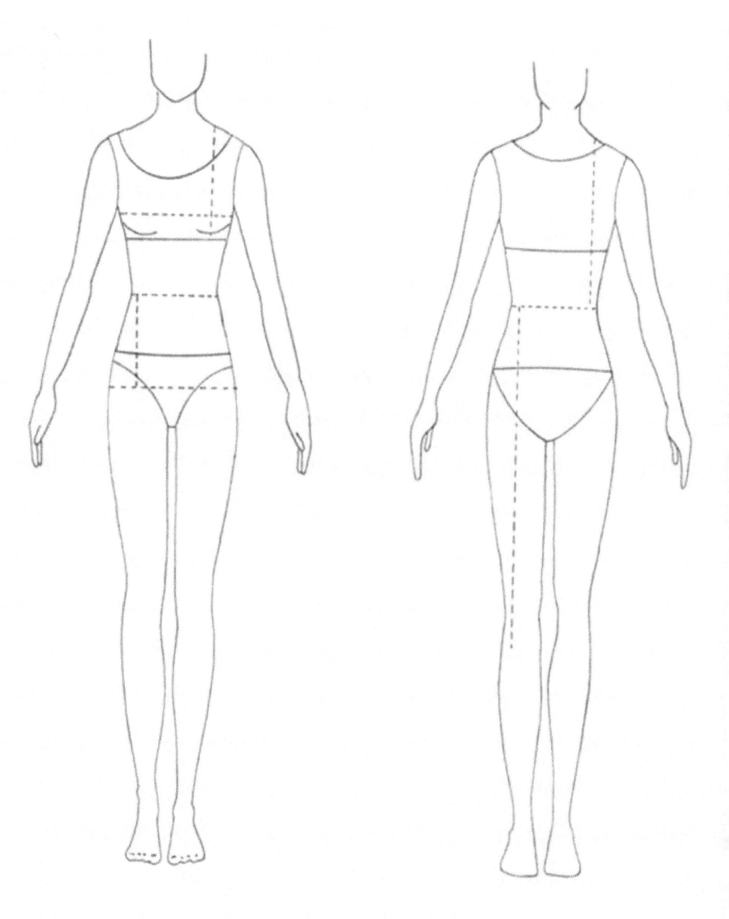

Create your fashion design

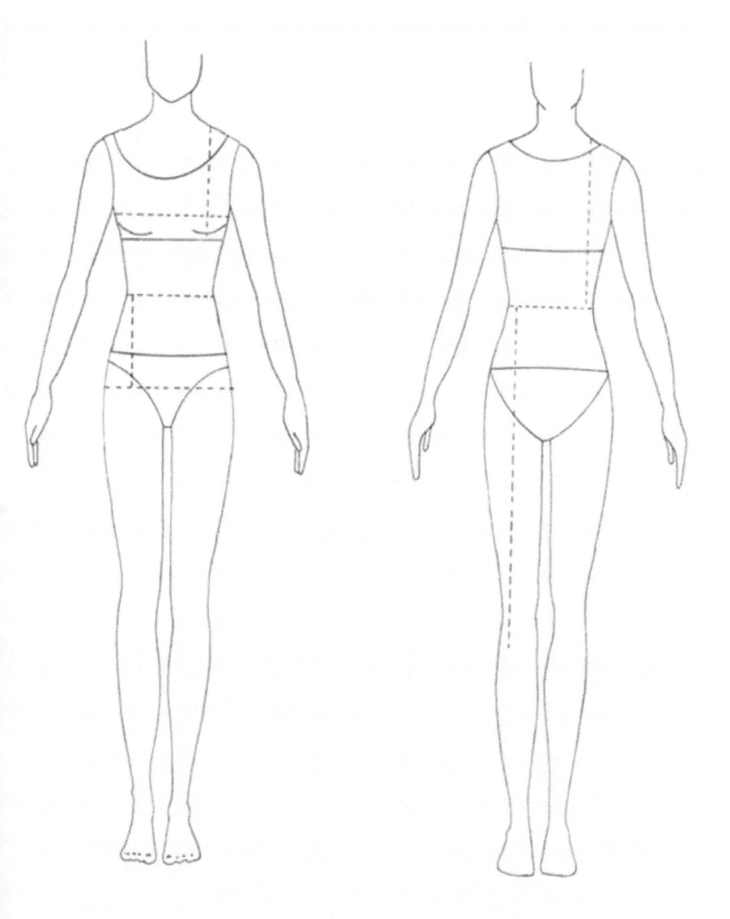

Create your fashion design

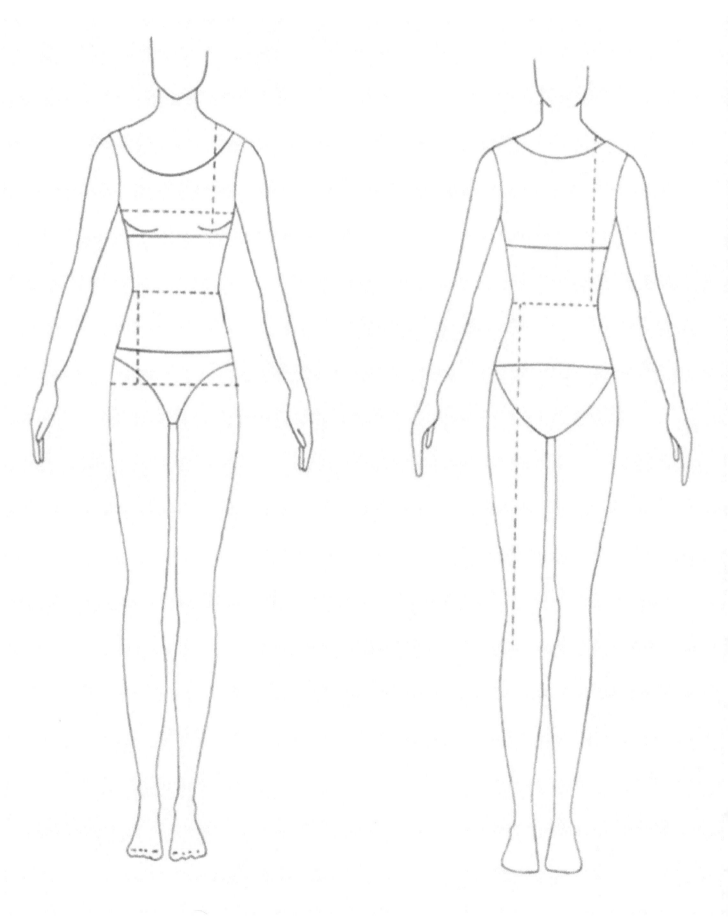

Create your fashion design

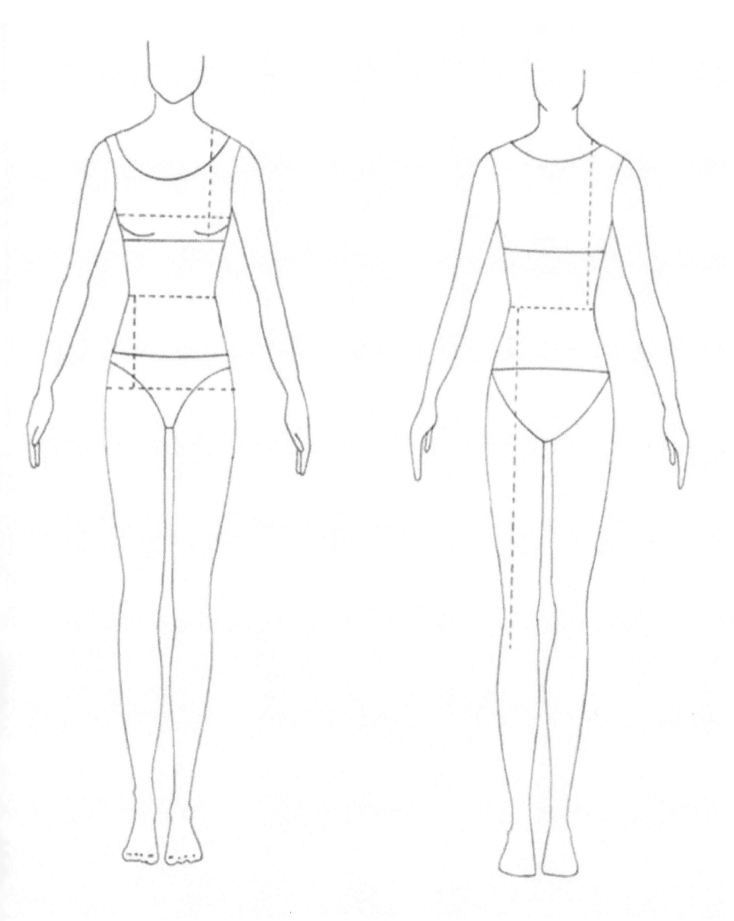

Create your fashion design

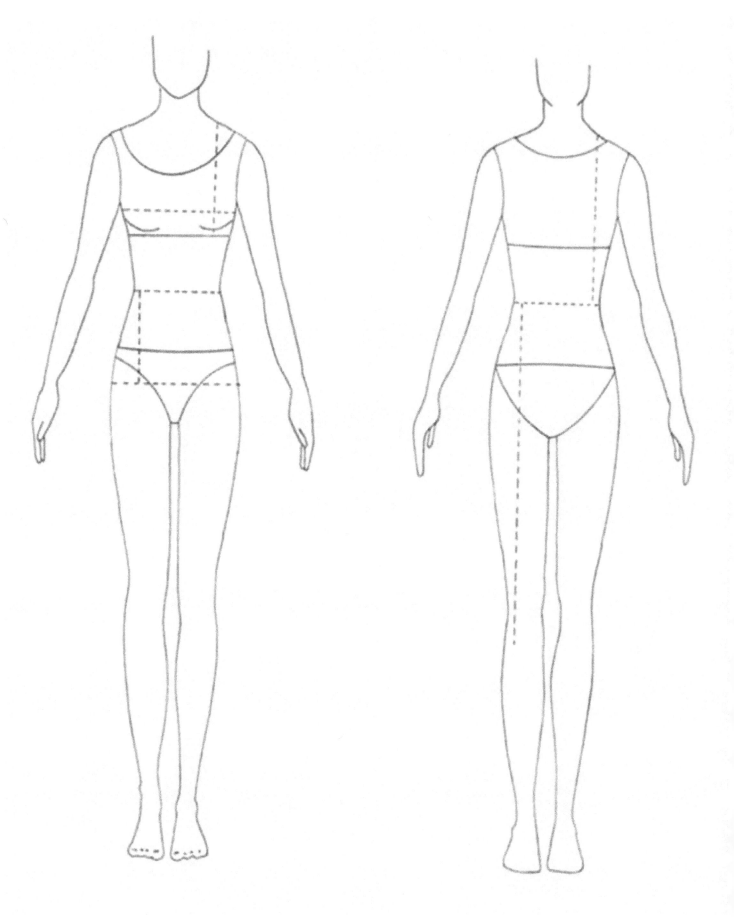

Create your fashion design

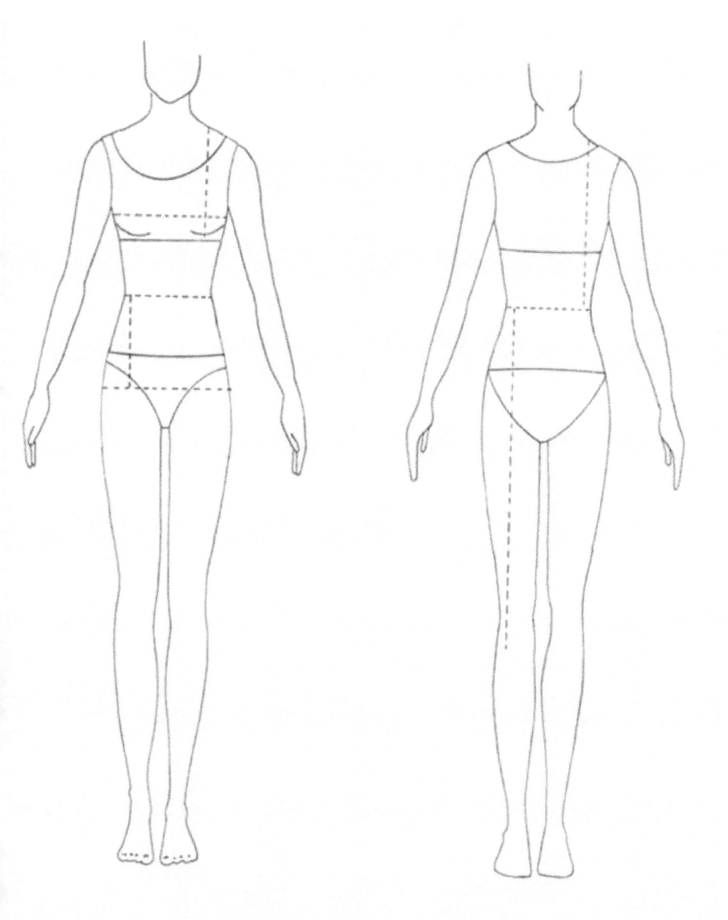

Create your fashion design

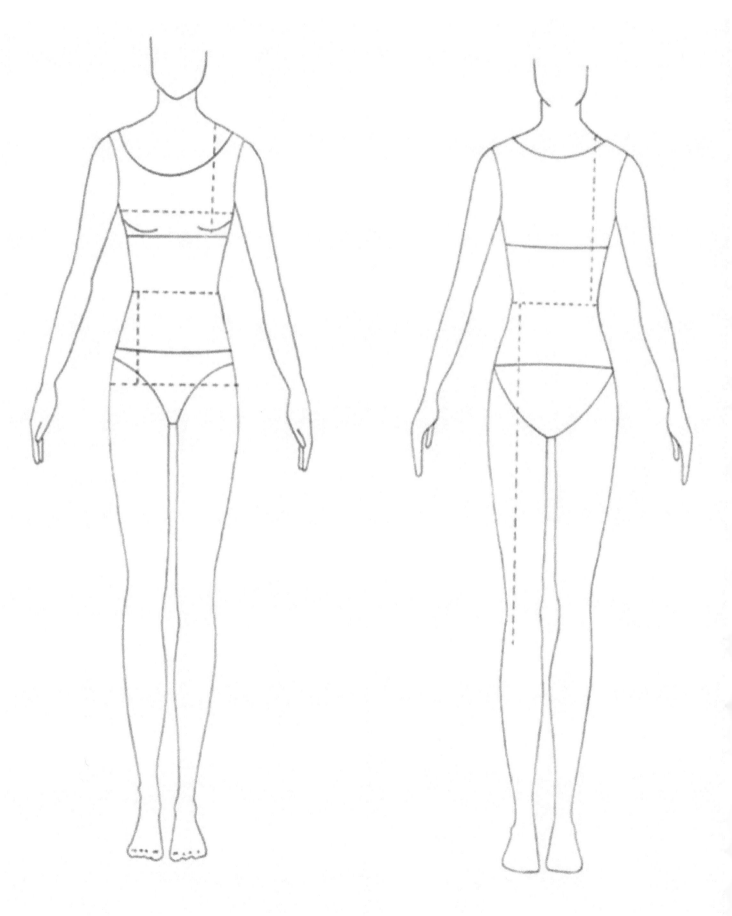

Create your fashion design

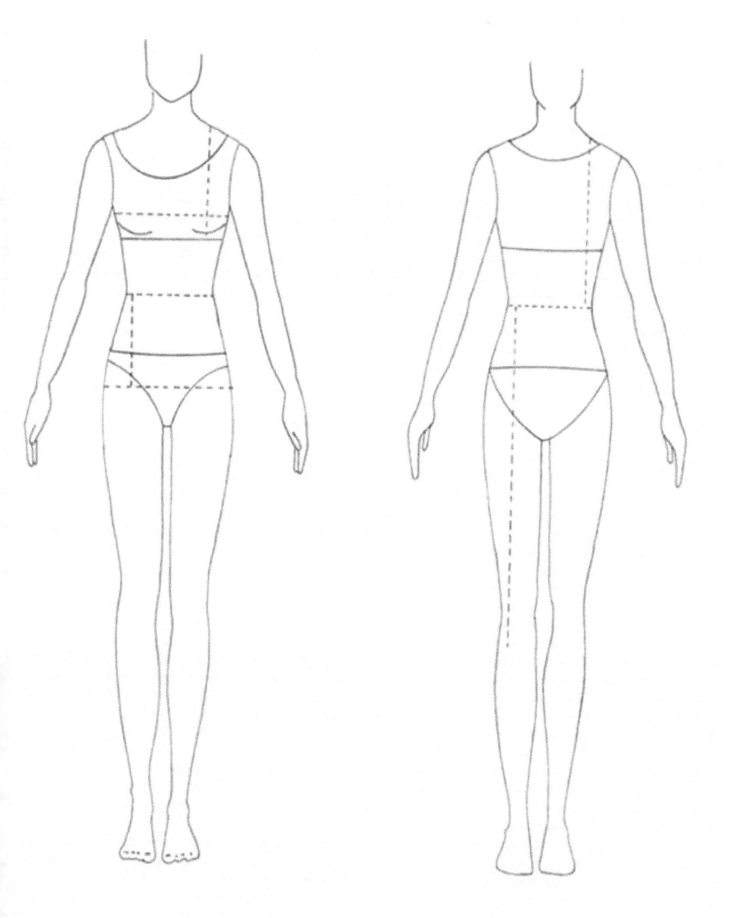

Create your fashion design

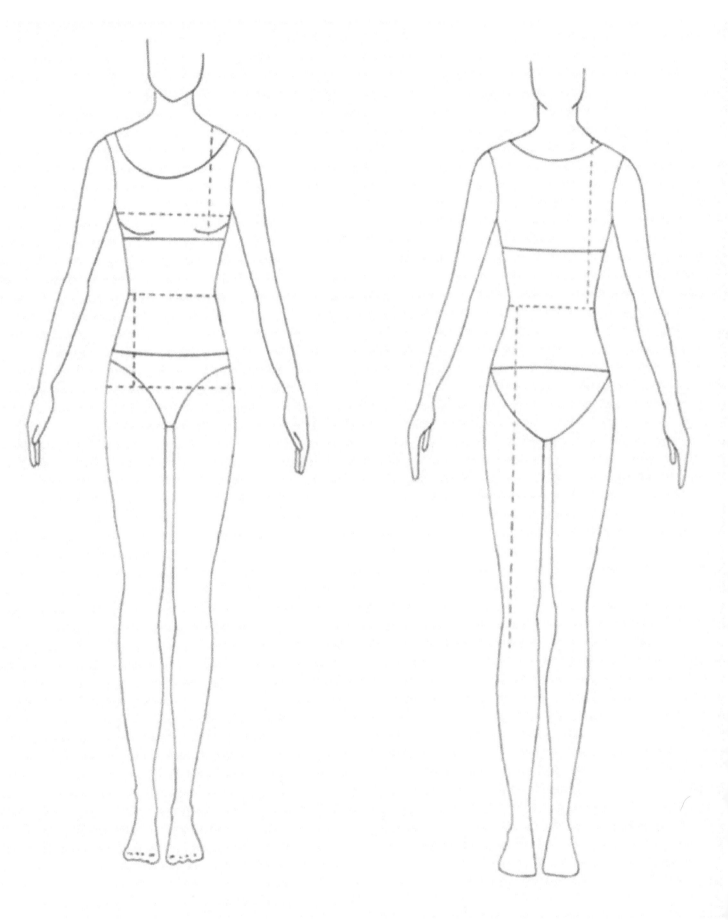

Create your fashion design

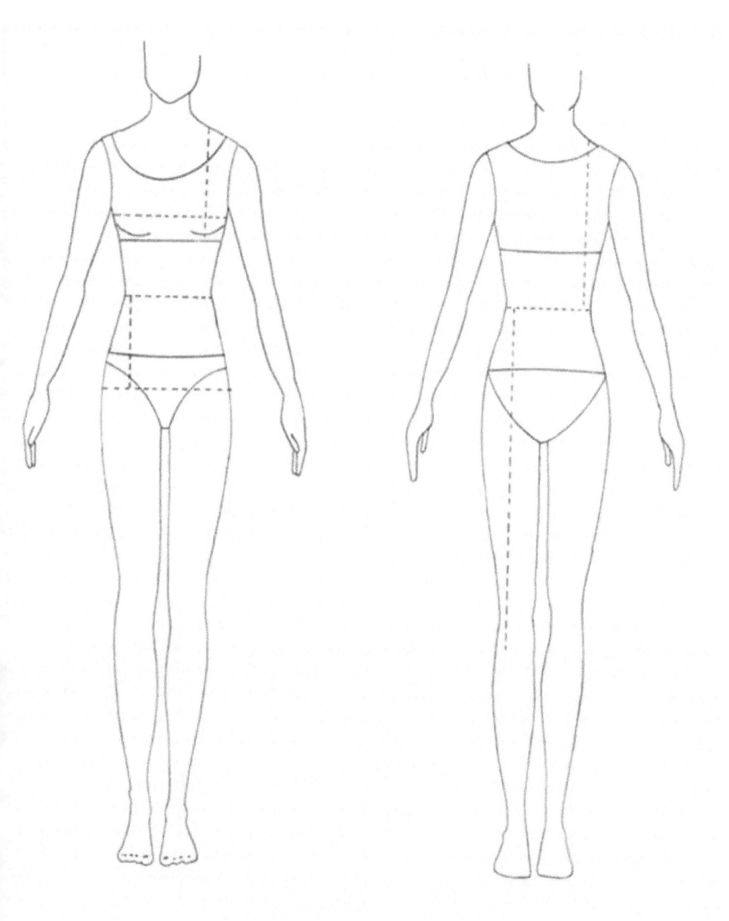

Create your fashion design

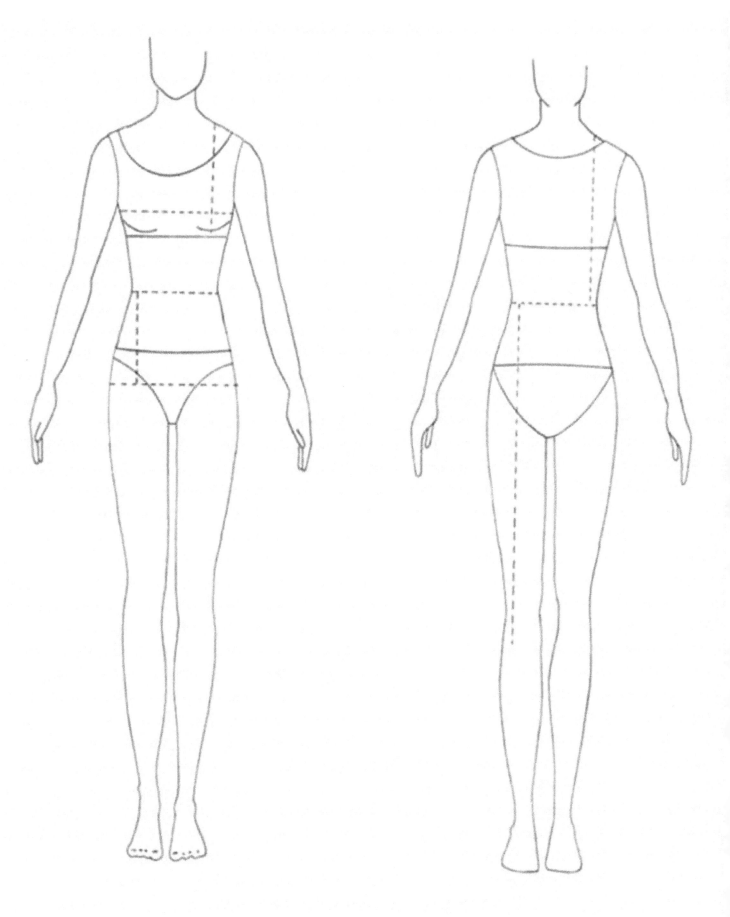

Create your fashion design

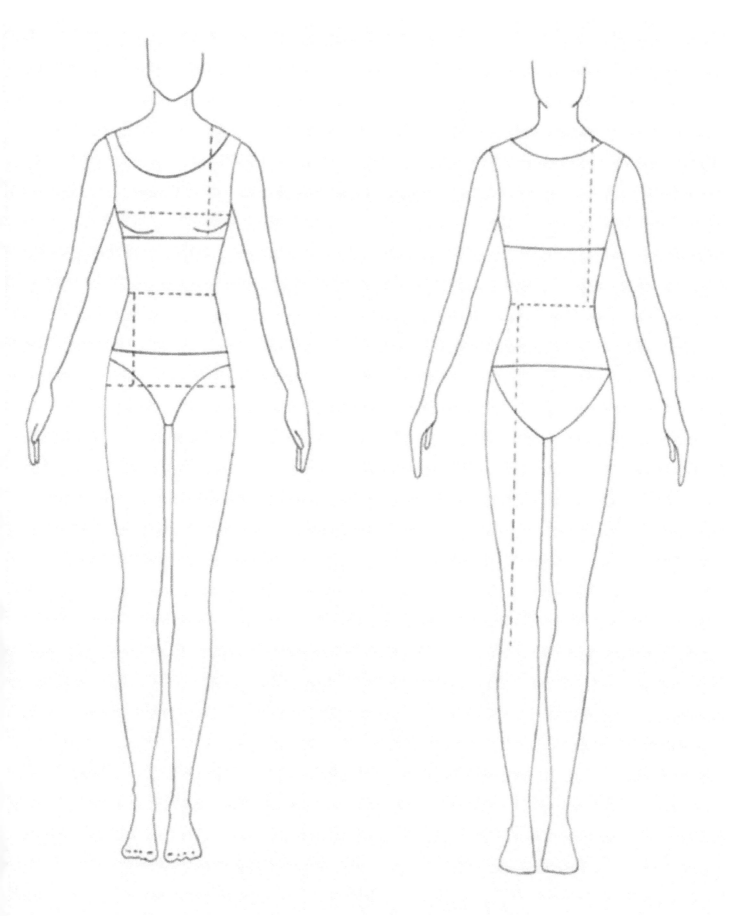

Create your fashion design

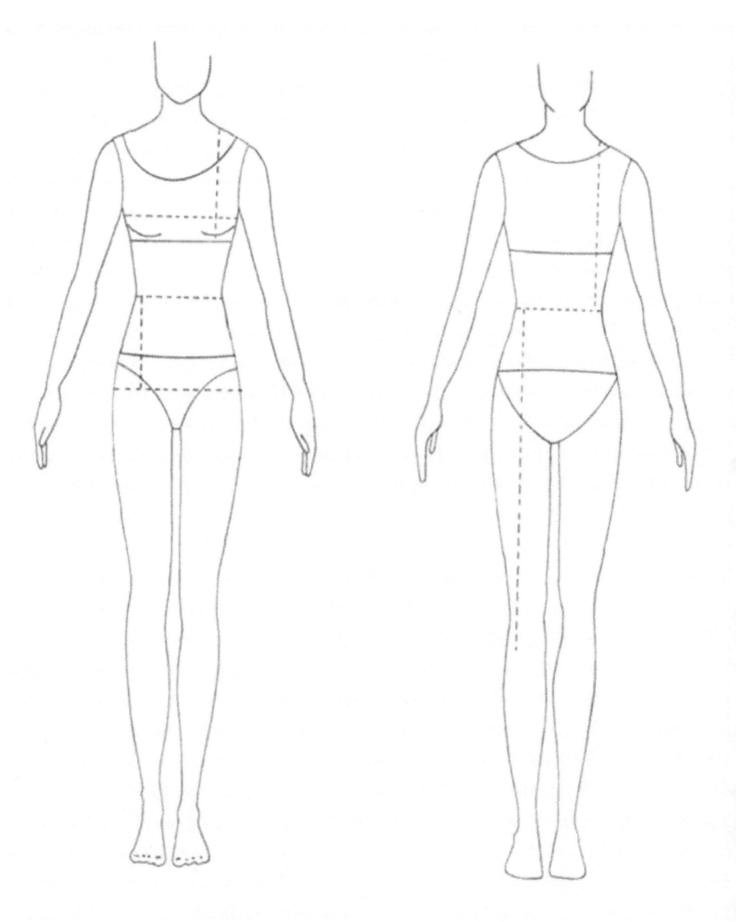

Create your fashion design

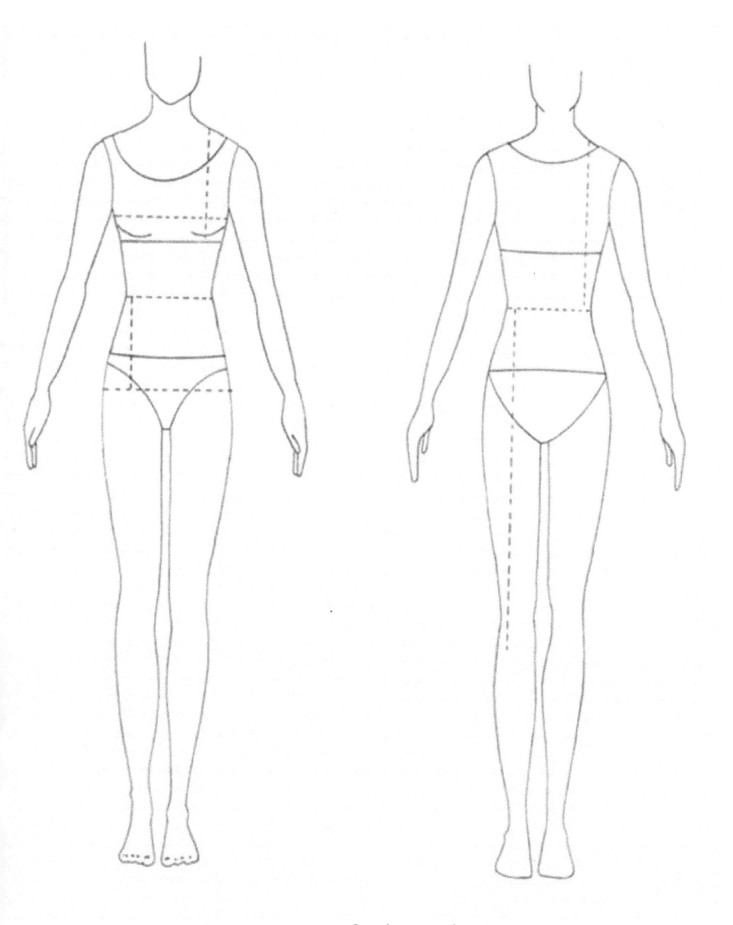

Create your fashion design

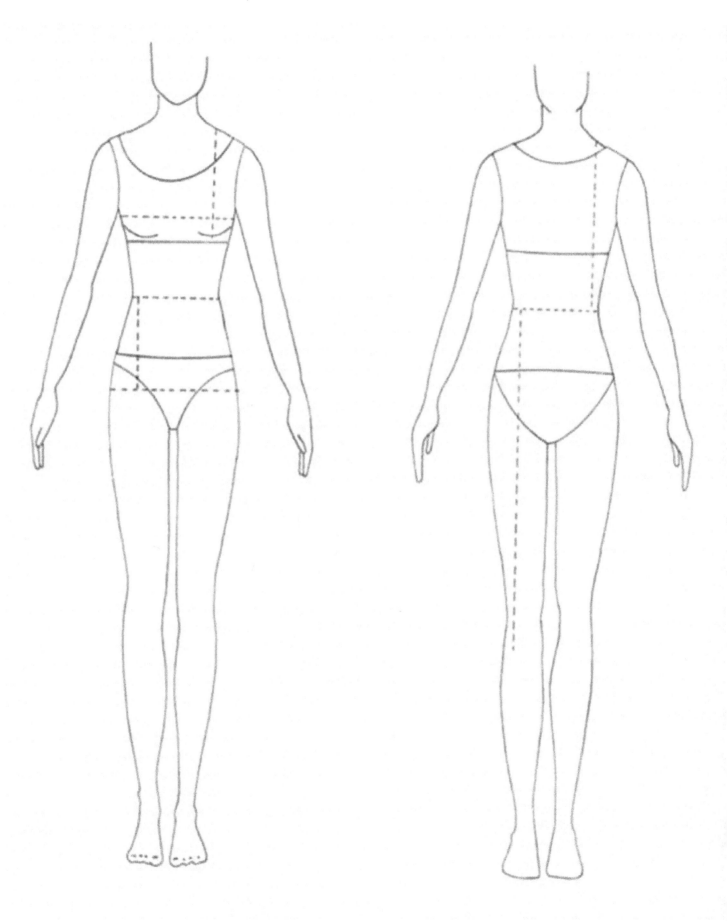

Create your fashion design

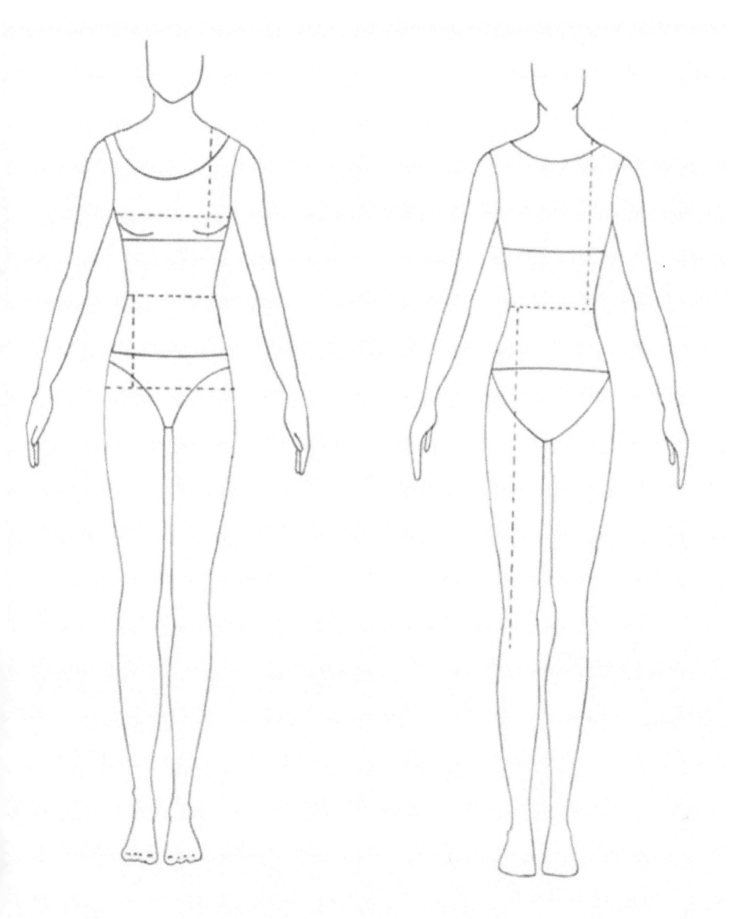

Create your fashion design

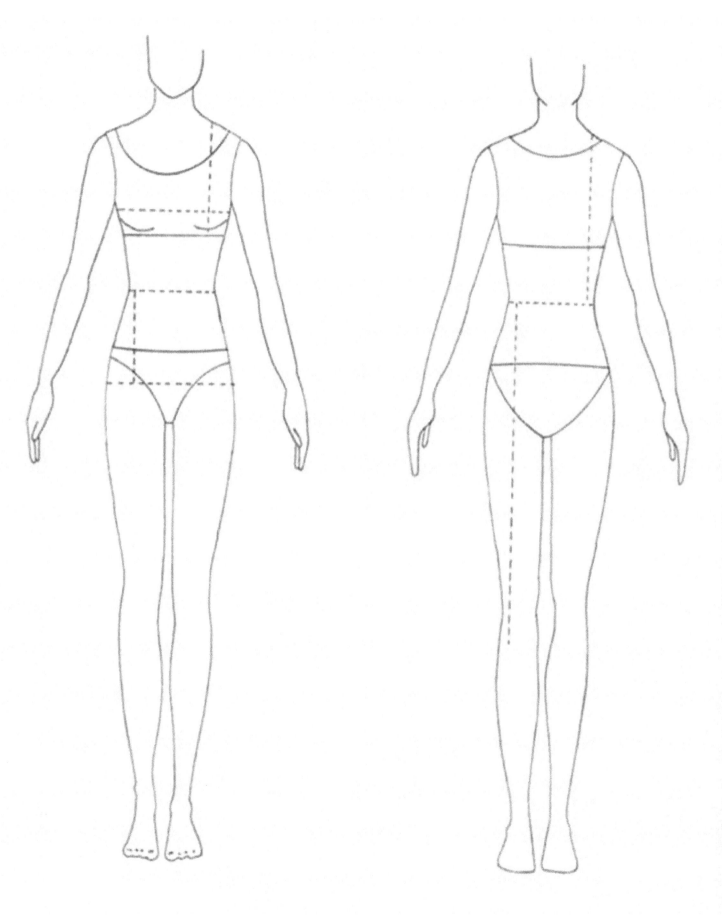

Create your fashion design

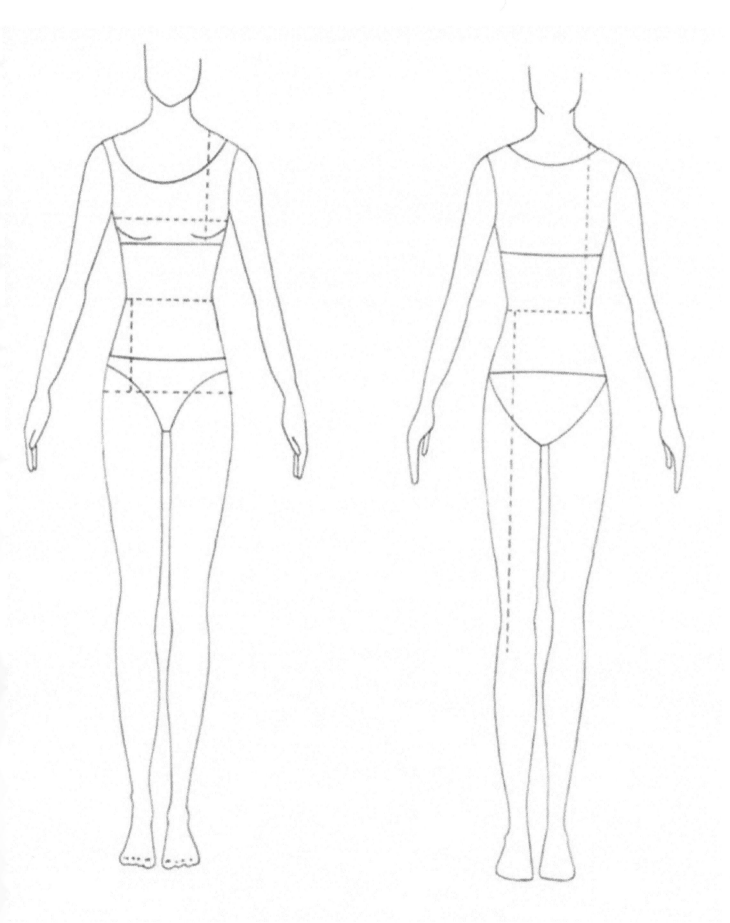
Create your fashion design

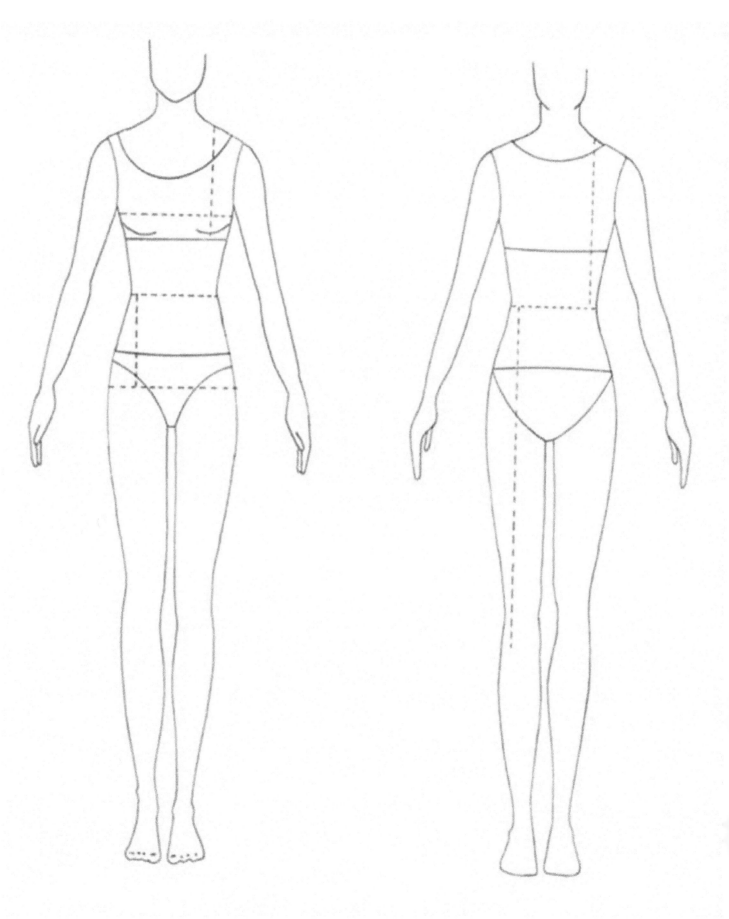

Create your fashion design

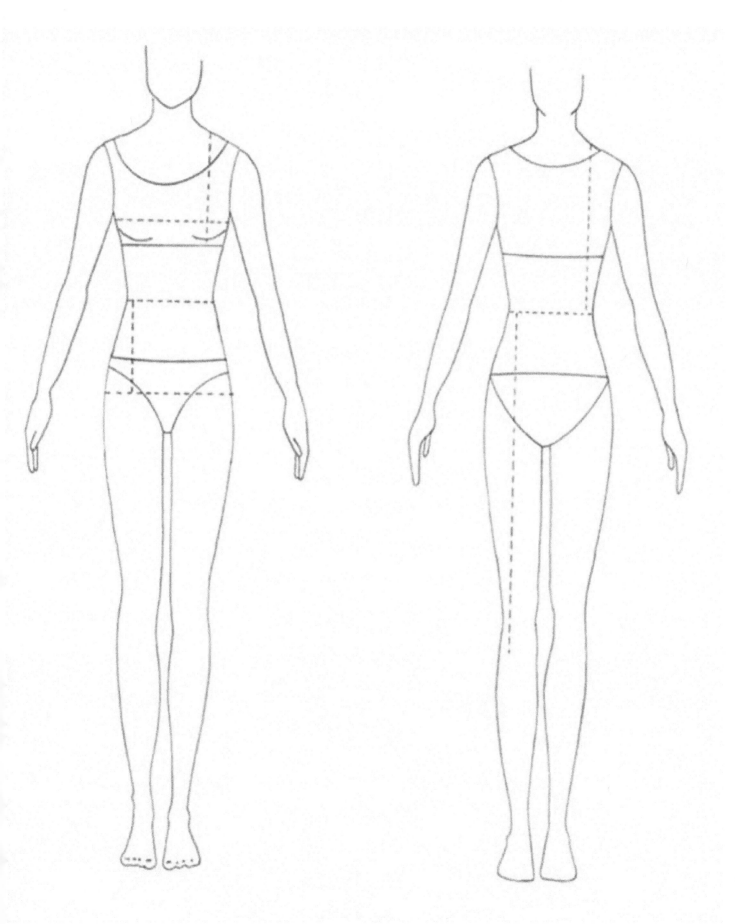

Create your fashion design

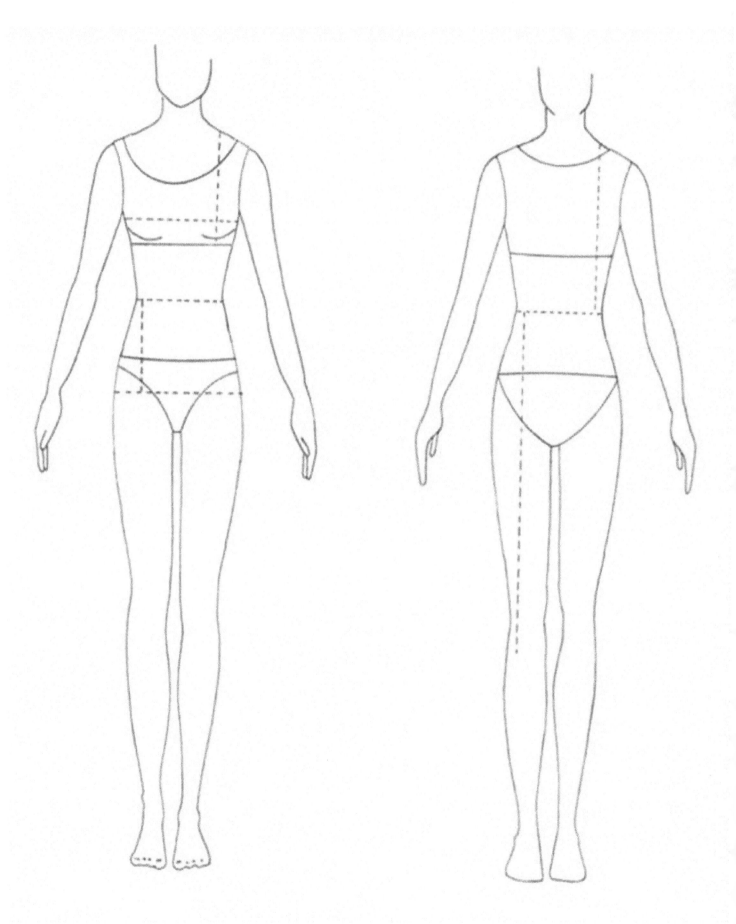

Create your fashion design

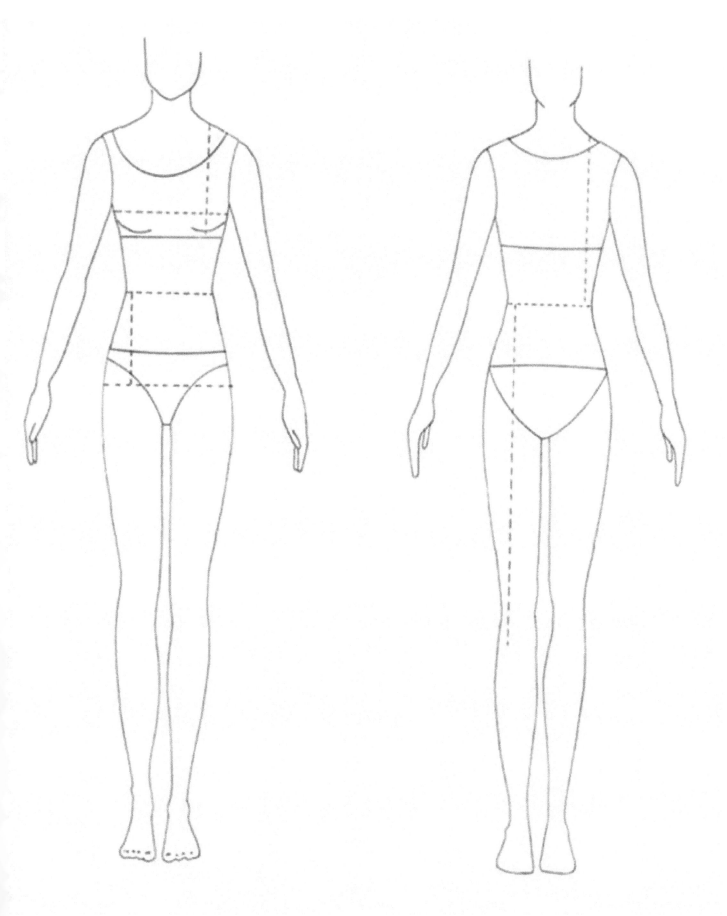

Create your fashion design

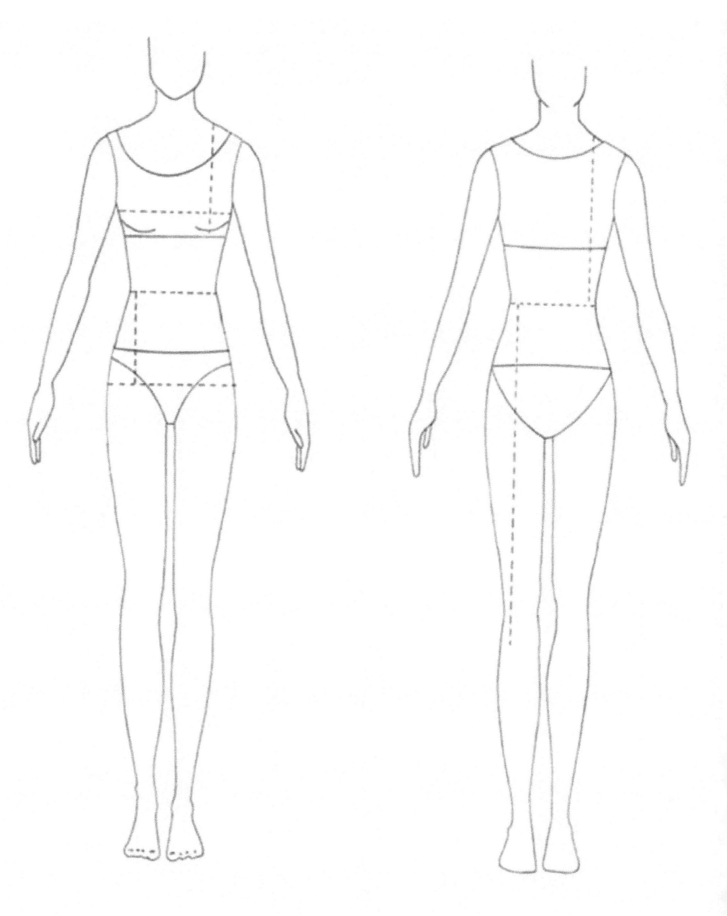

Create your fashion design

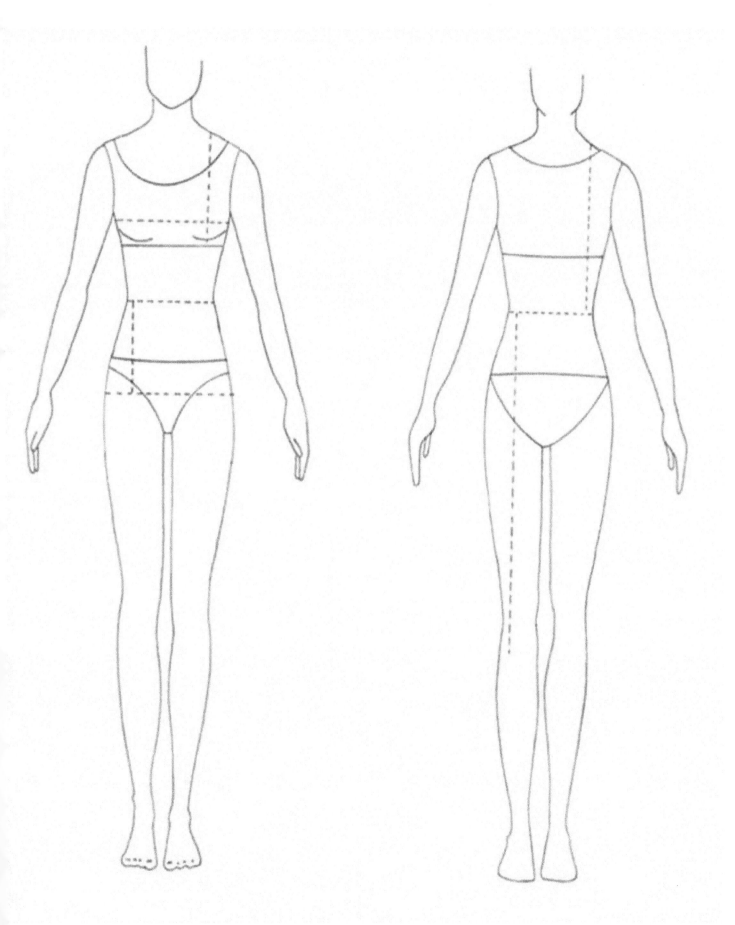
Create your fashion design

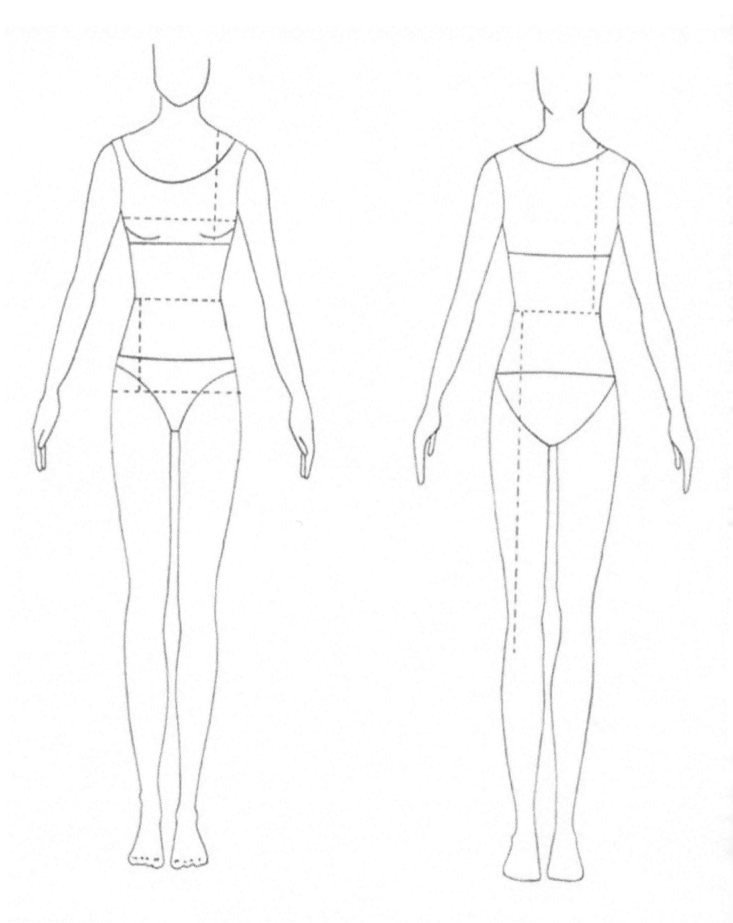

Create your fashion design

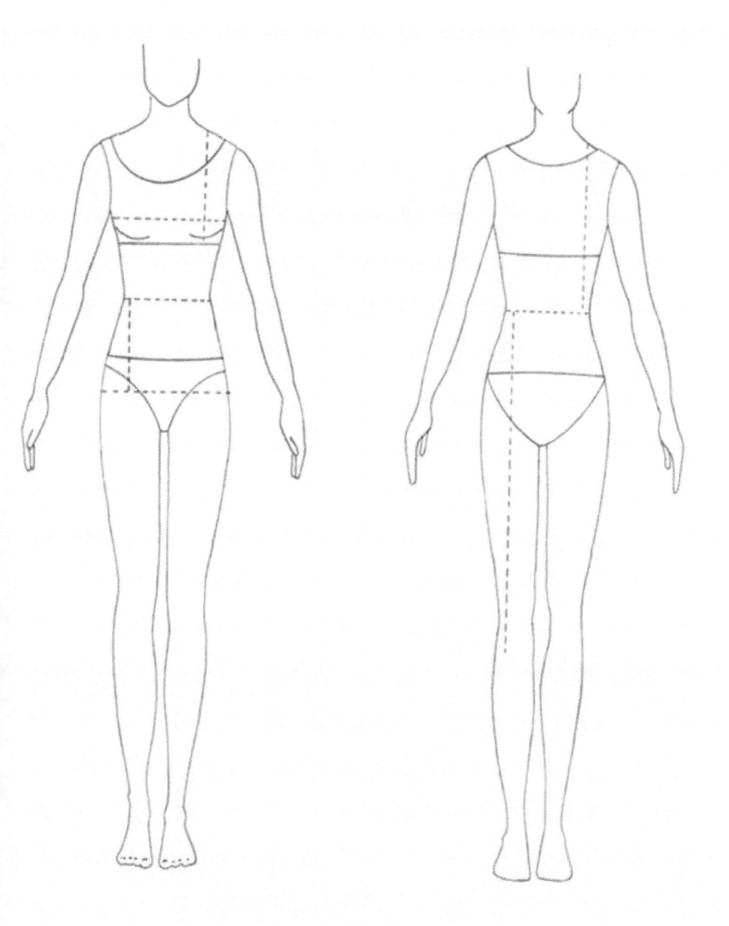

Create your fashion design

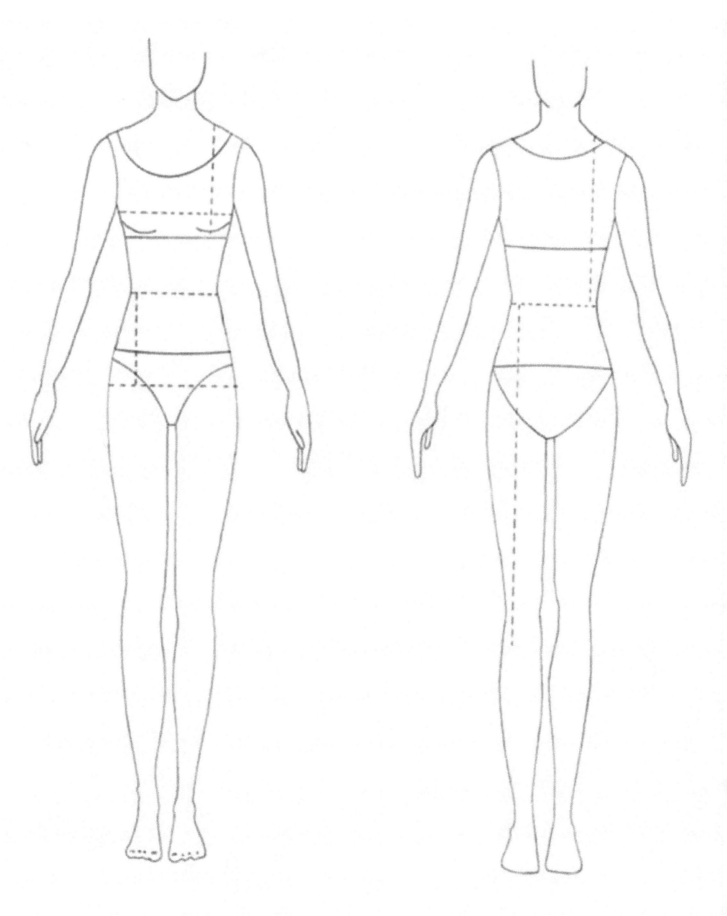

Create your fashion design

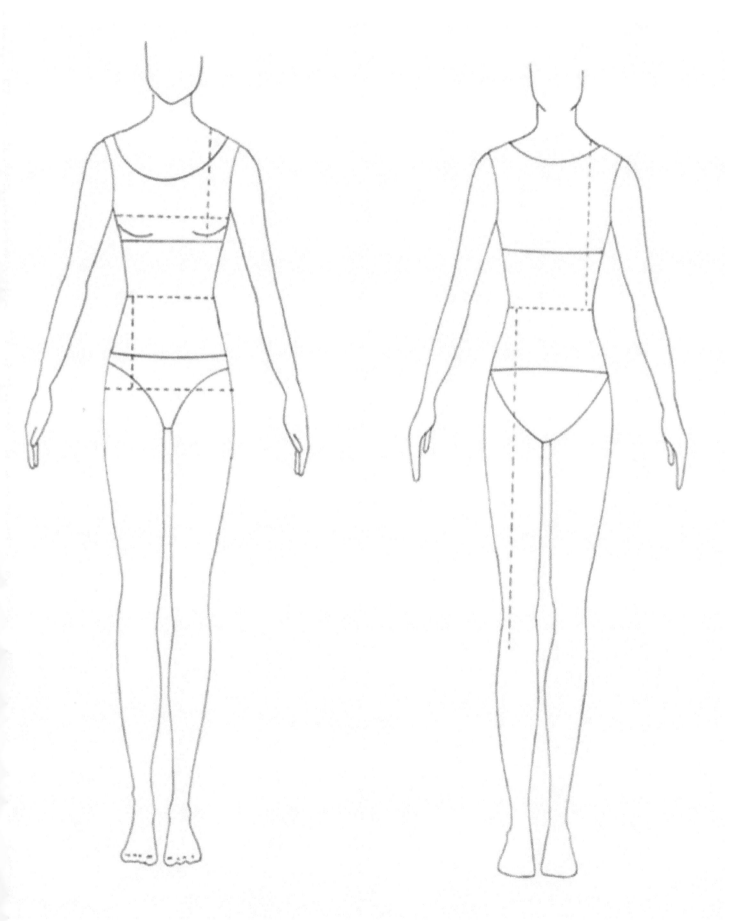

Create your fashion design

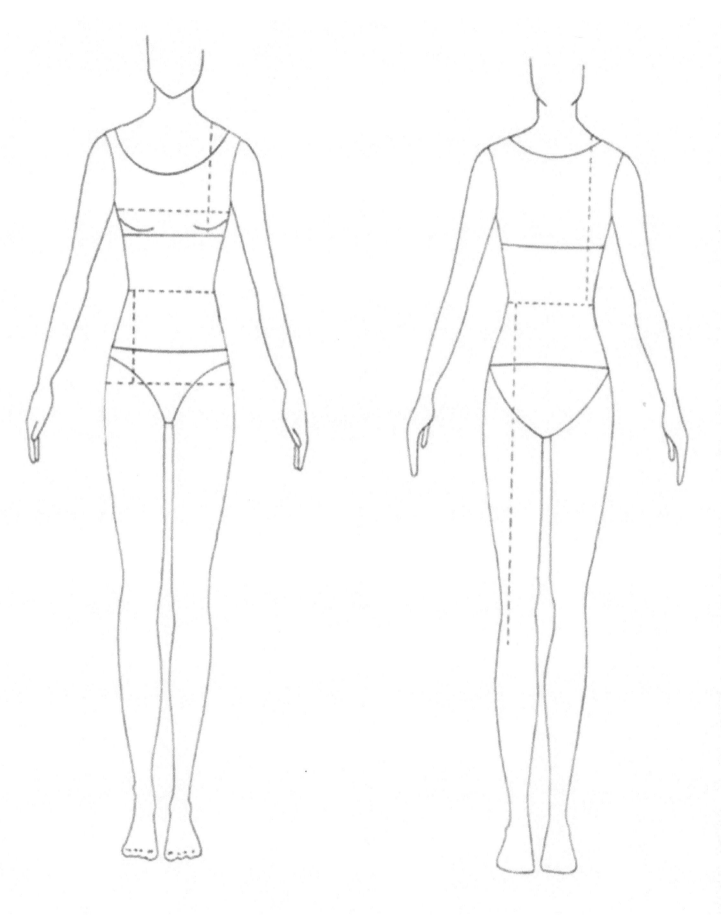

Create your fashion design

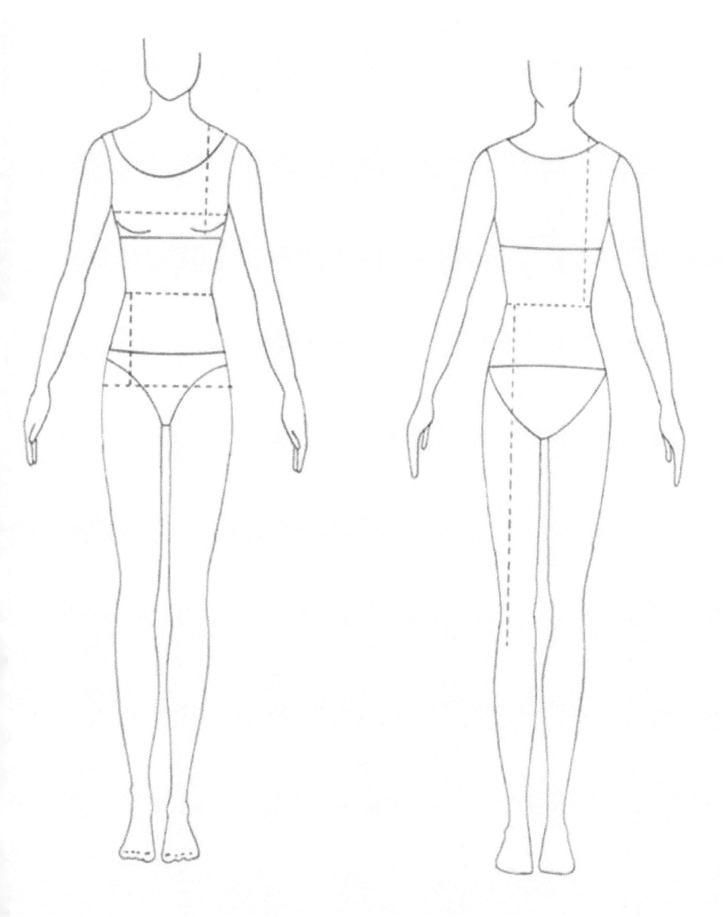

Create your fashion design

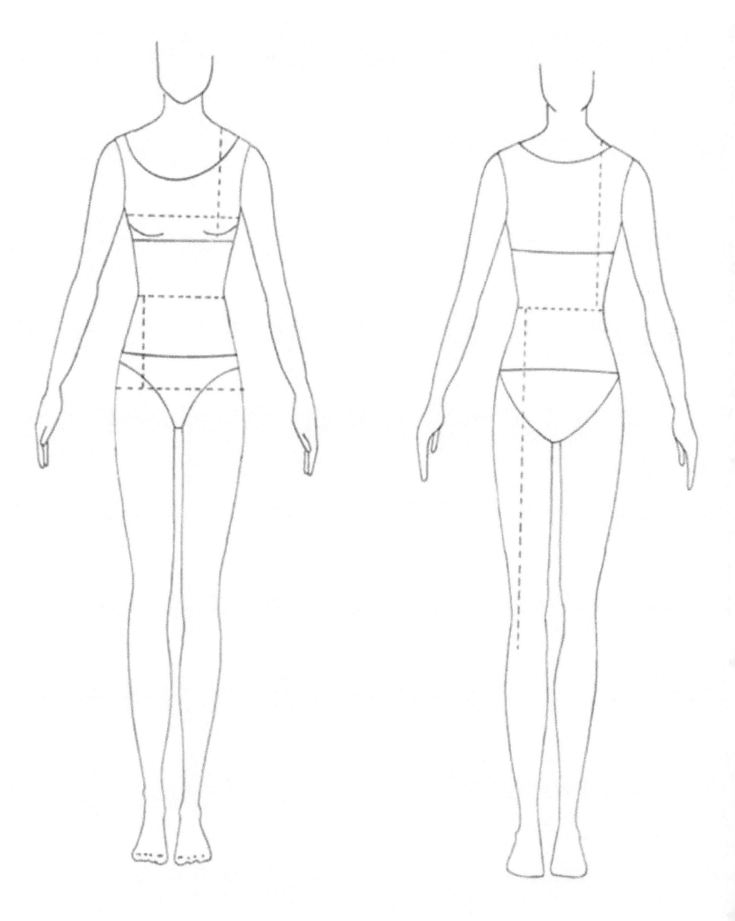

Create your fashion design

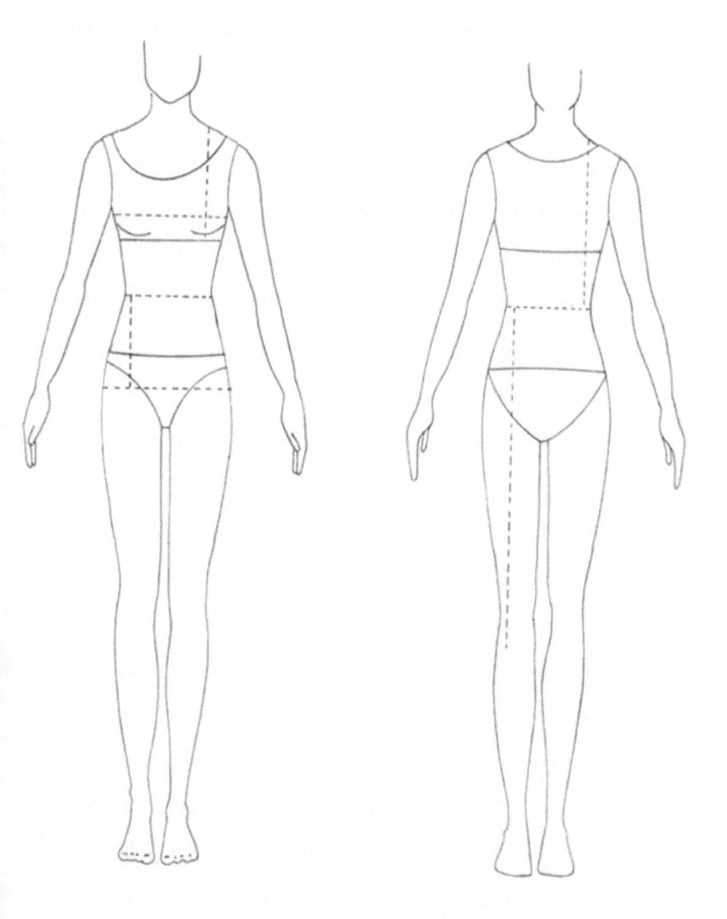
Create your fashion design

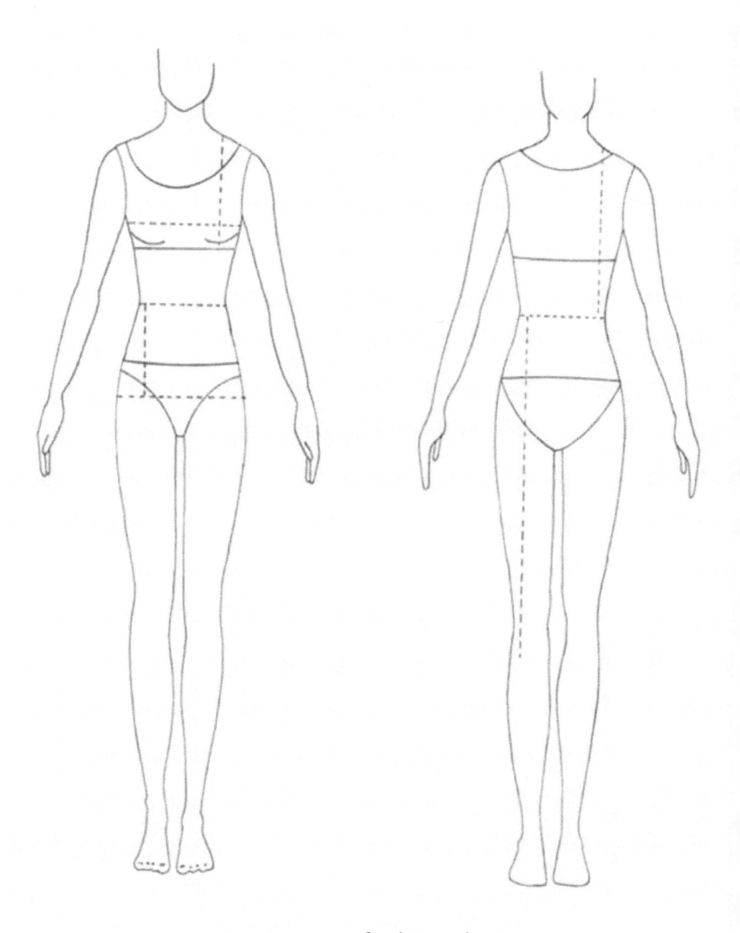

Create your fashion design

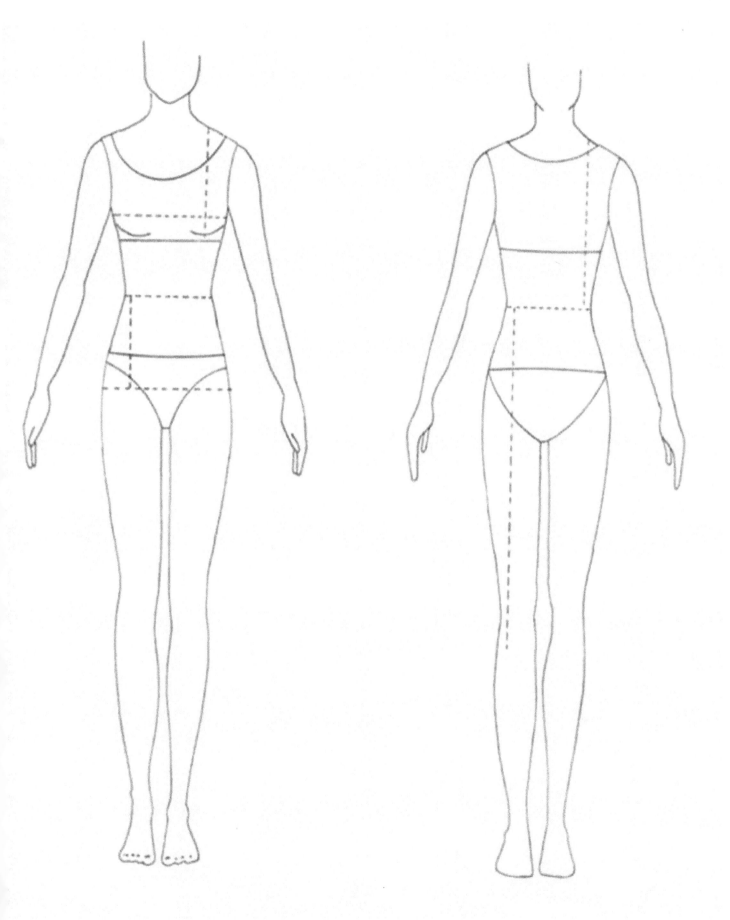

Create your fashion design

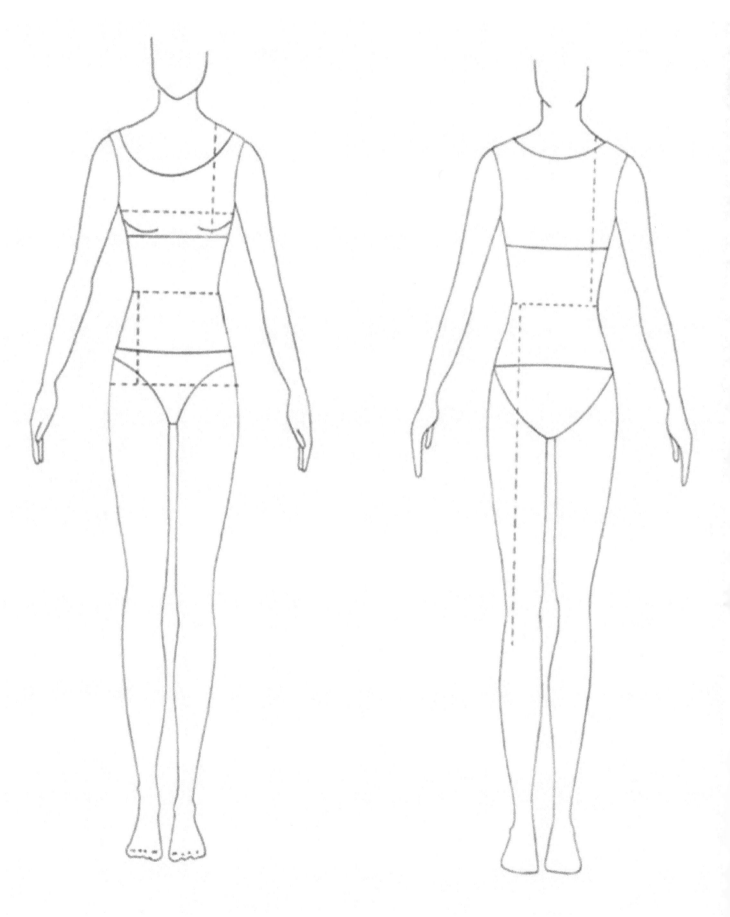

Create your fashion design

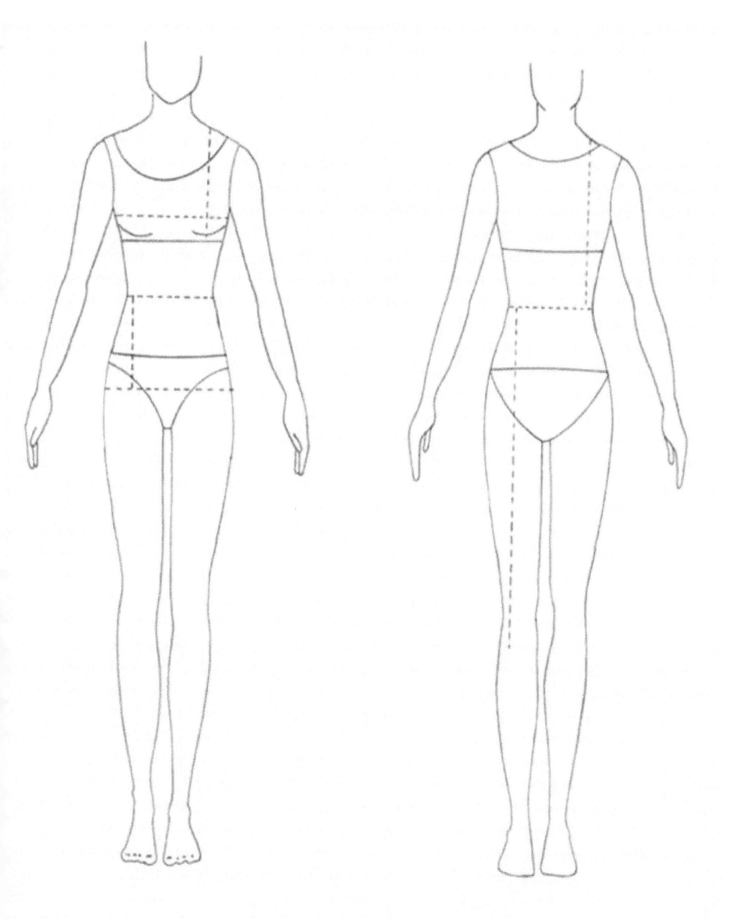

Create your fashion design

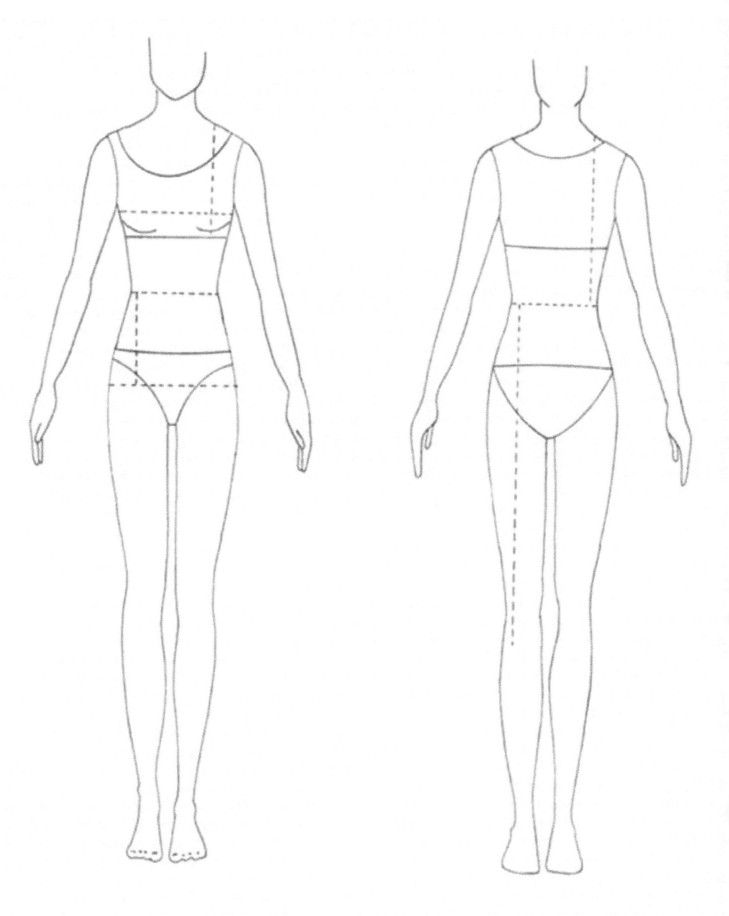

Create your fashion design

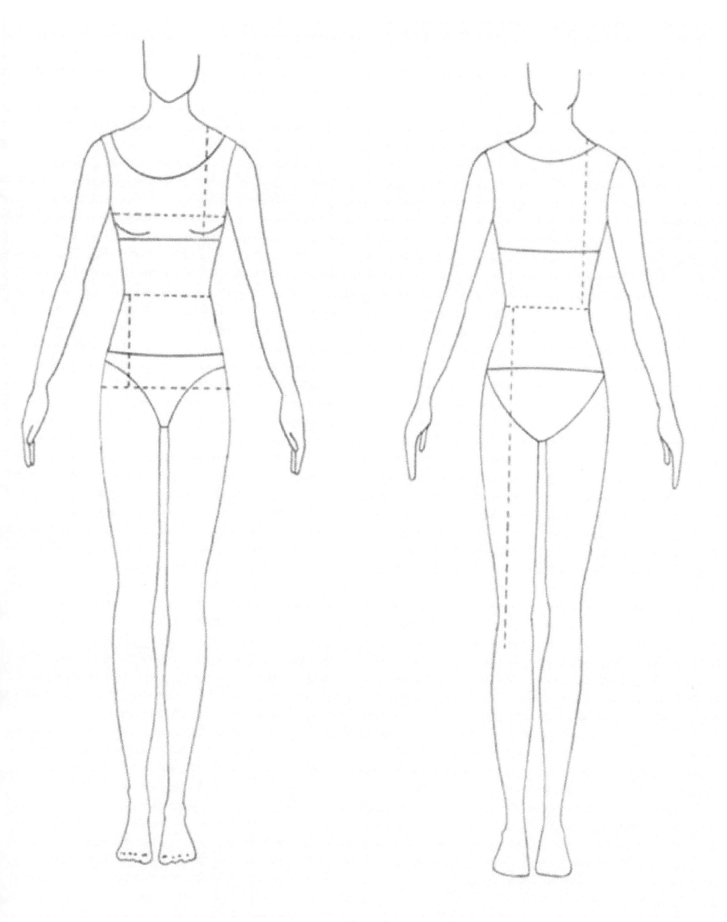

Create your fashion design

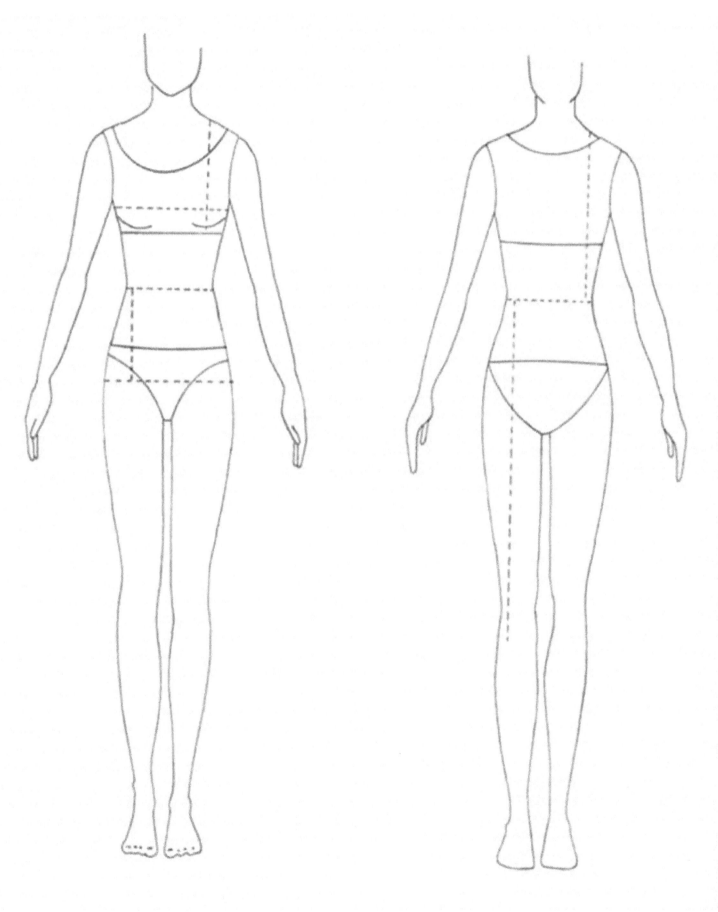

Create your fashion design

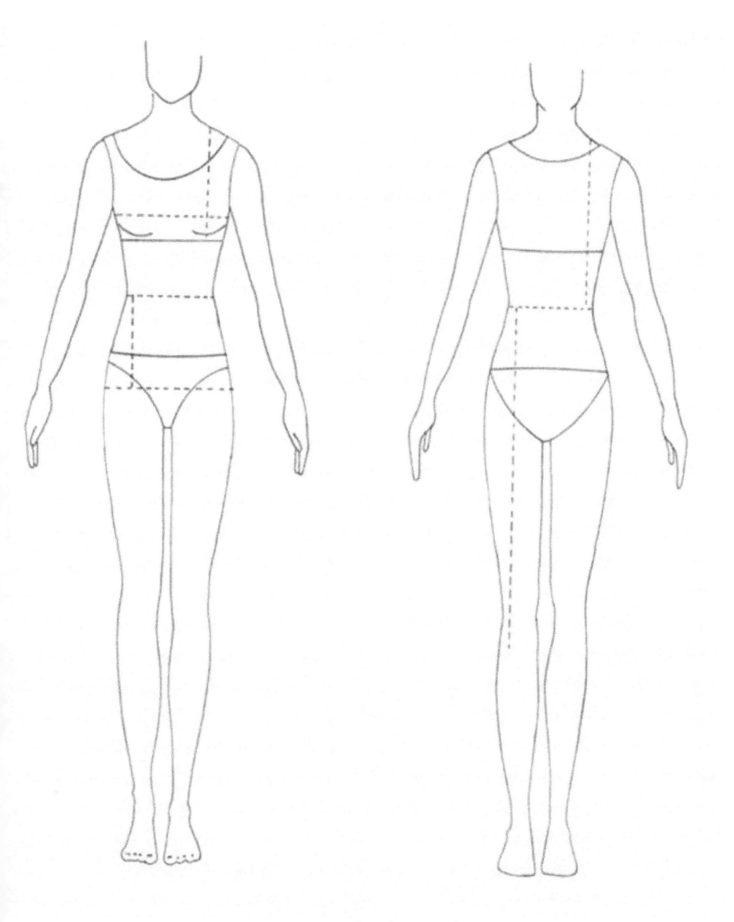

Create your fashion design

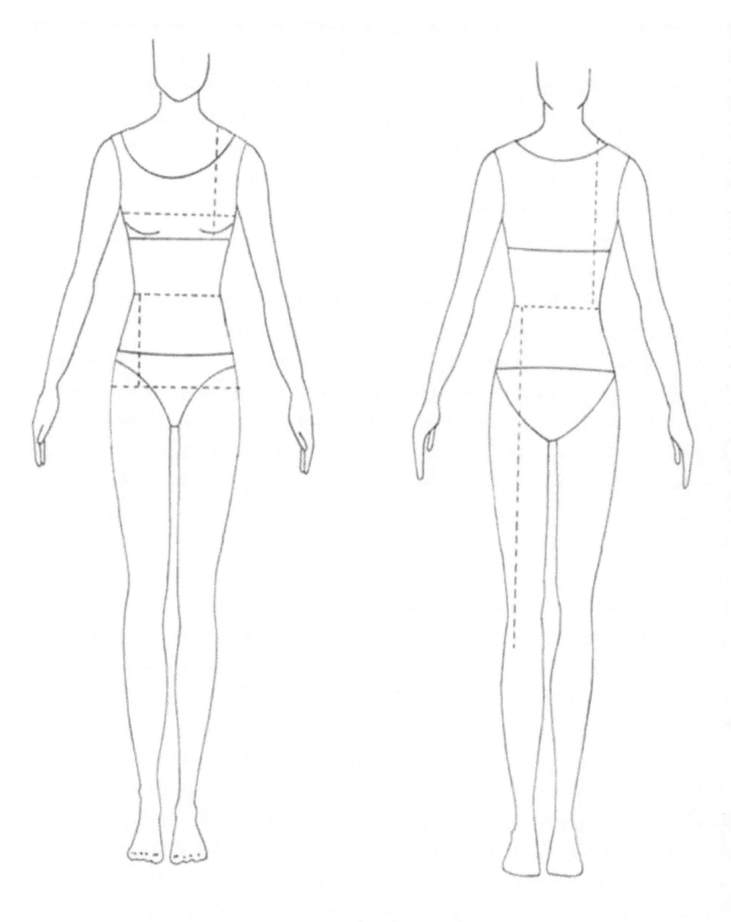

Create your fashion design

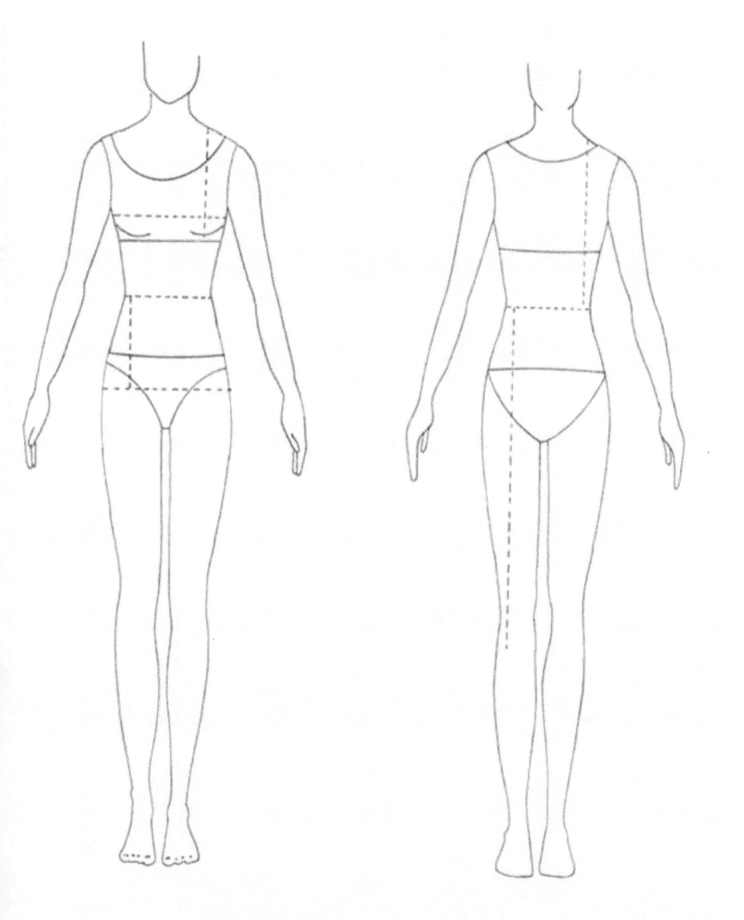

Create your fashion design

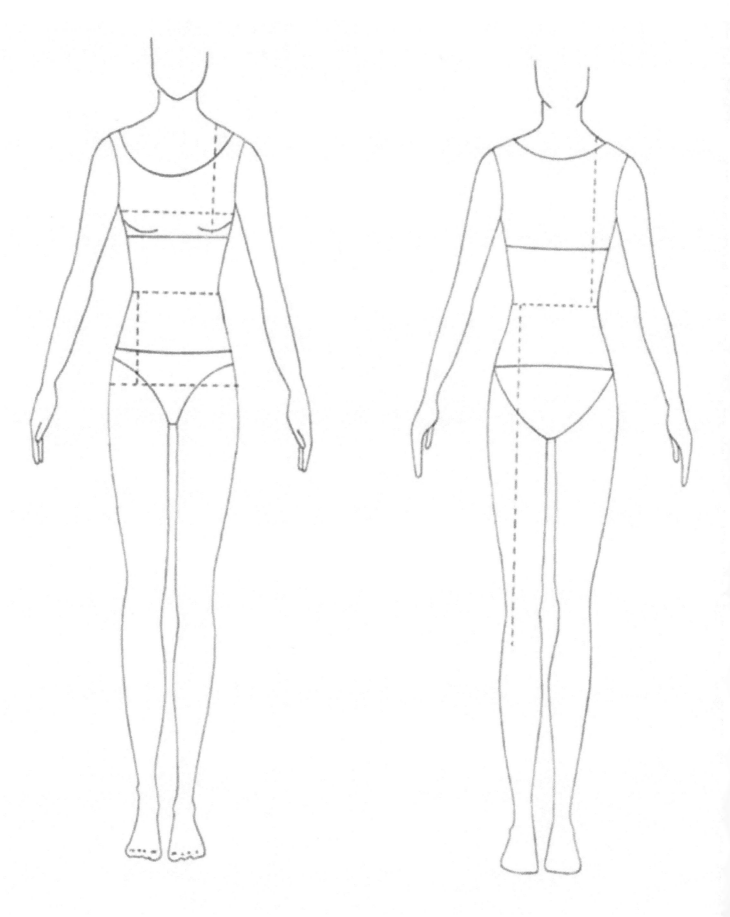

Create your fashion design

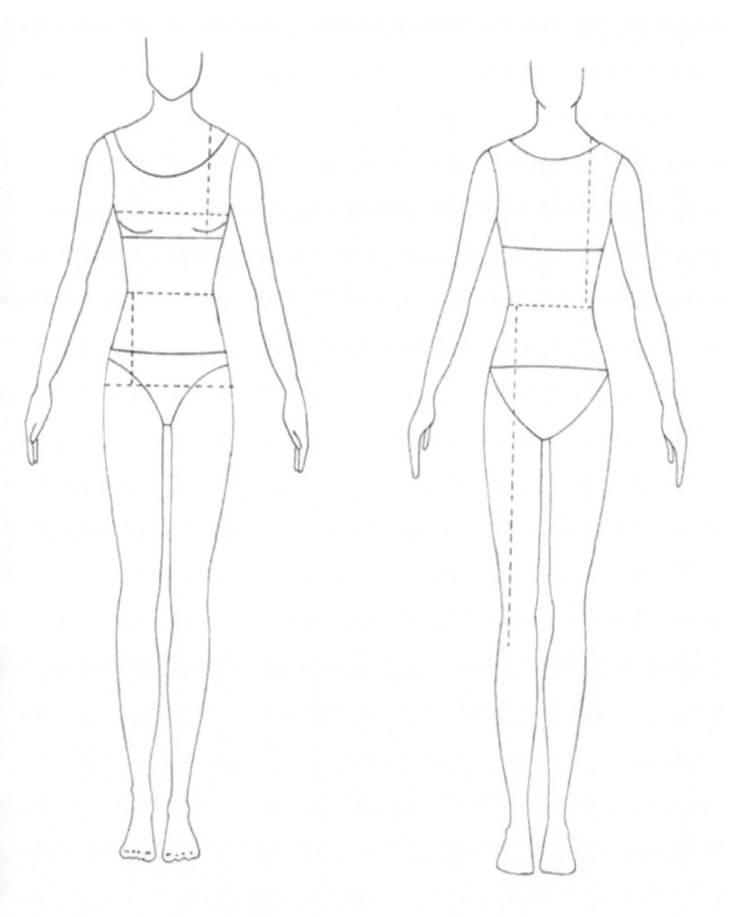

Create your fashion design

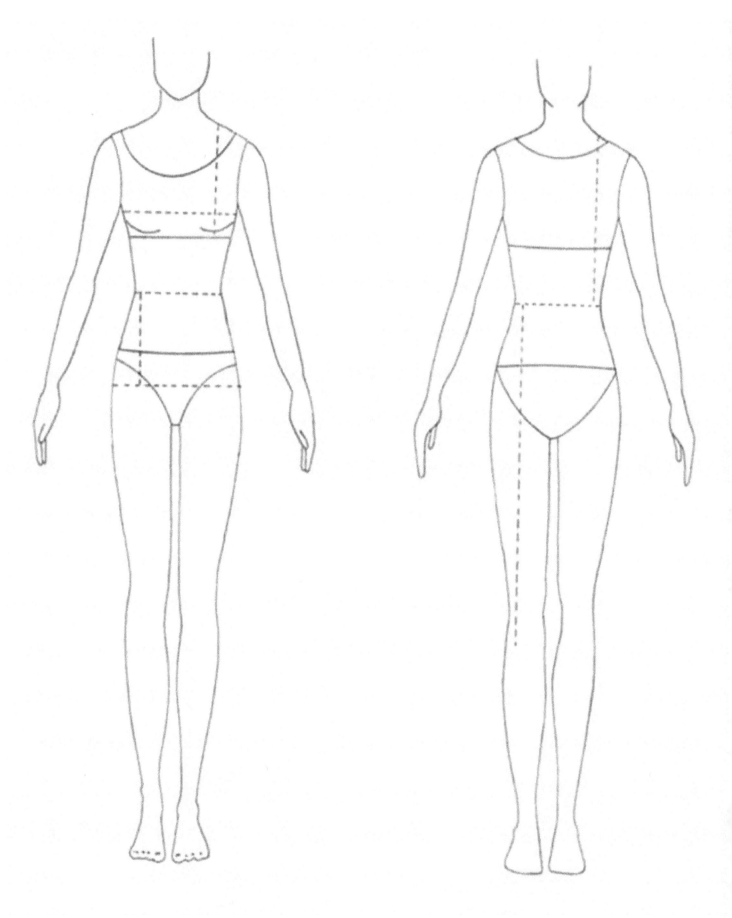

Create your fashion design

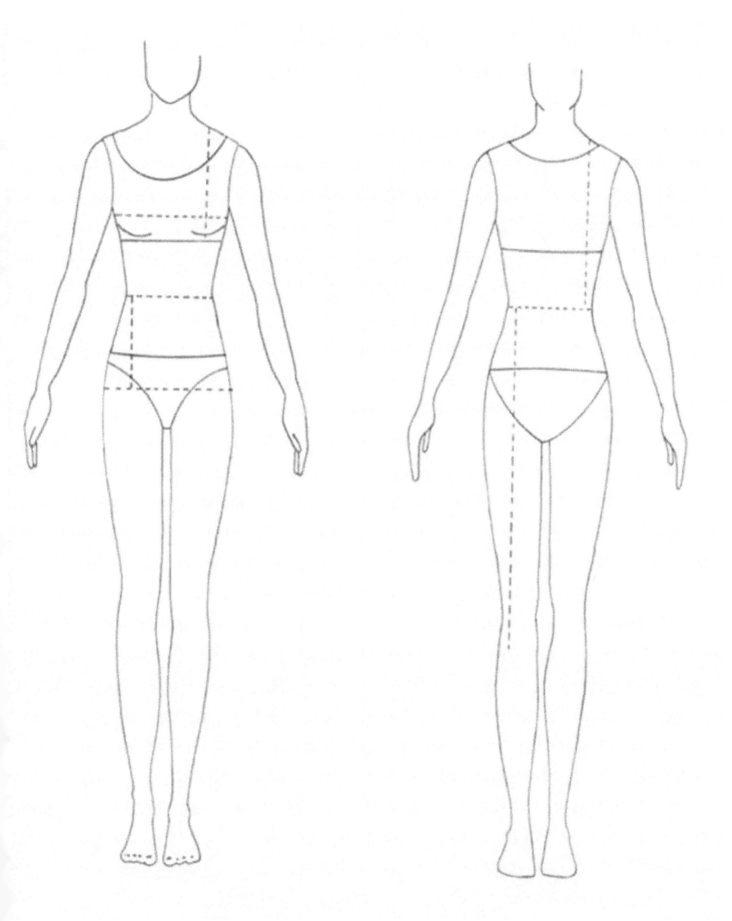

Create your fashion design

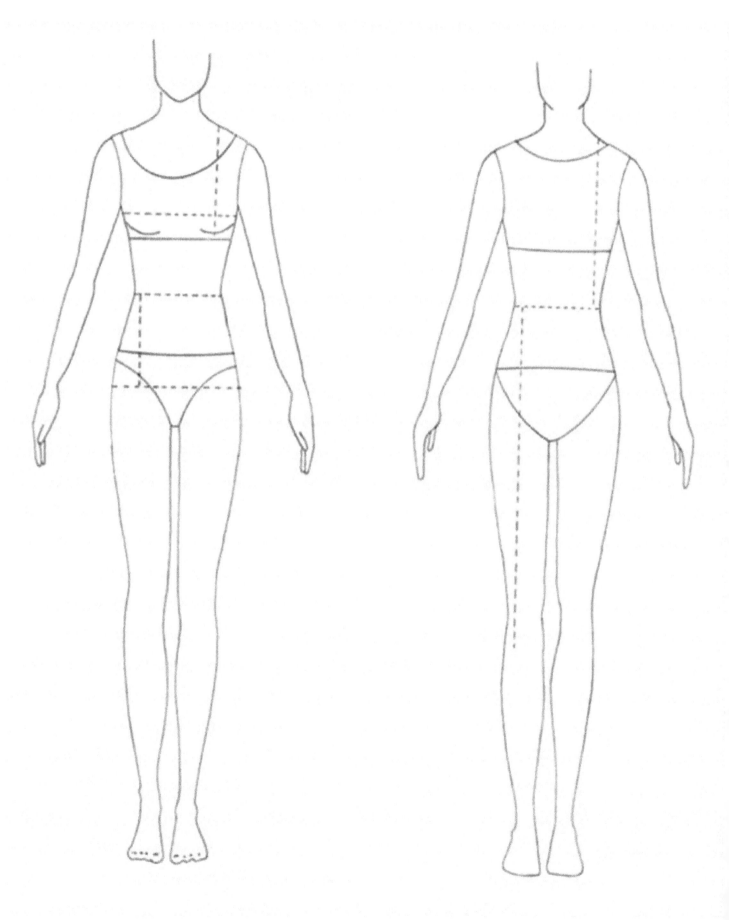

Create your fashion design

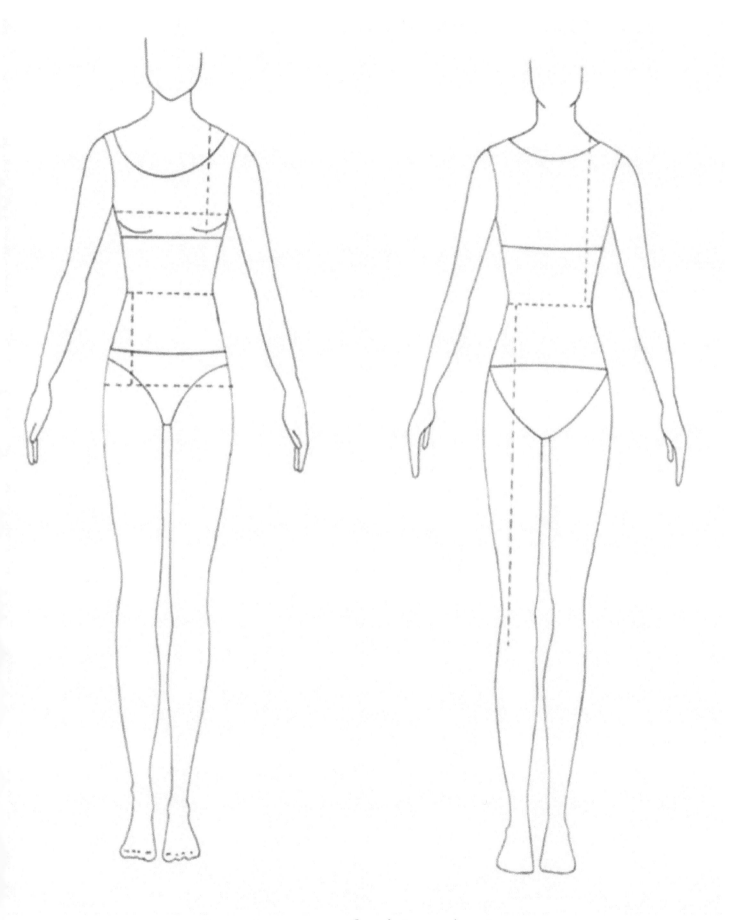

Create your fashion design

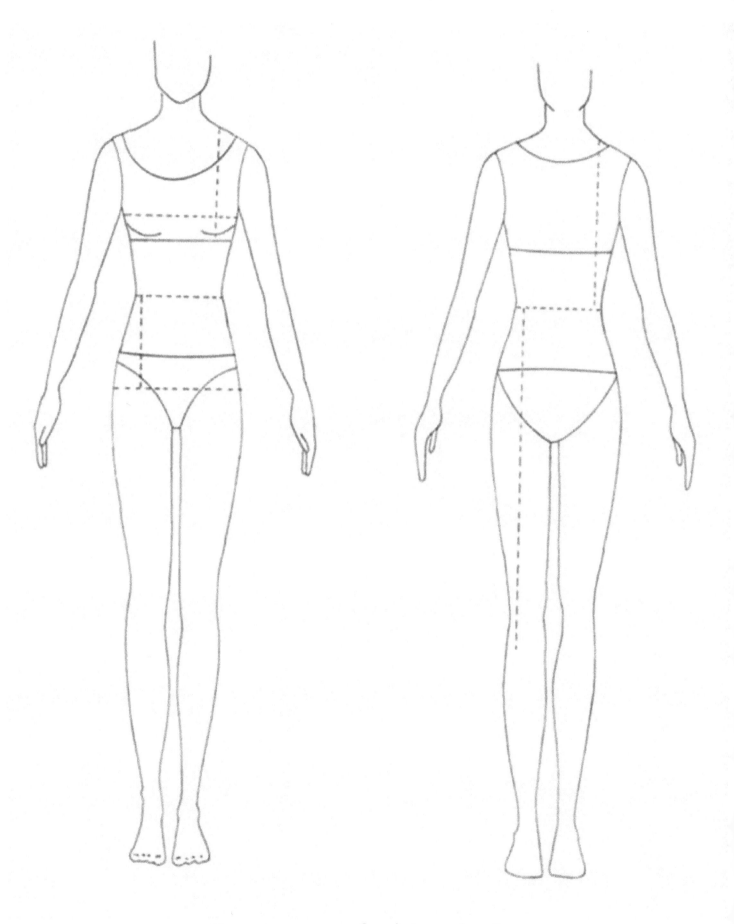

Create your fashion design

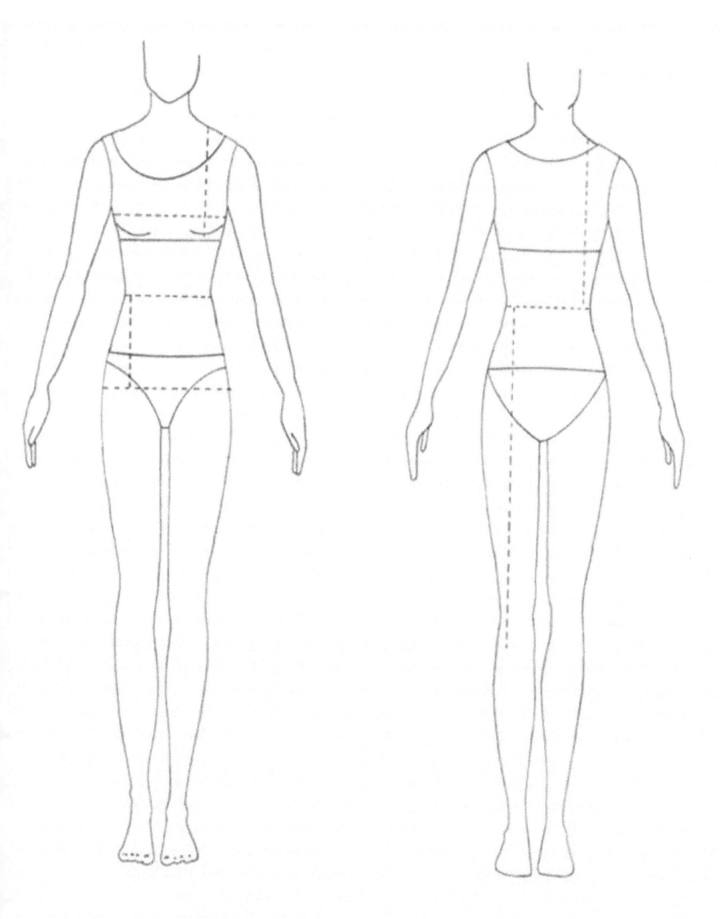

Create your fashion design

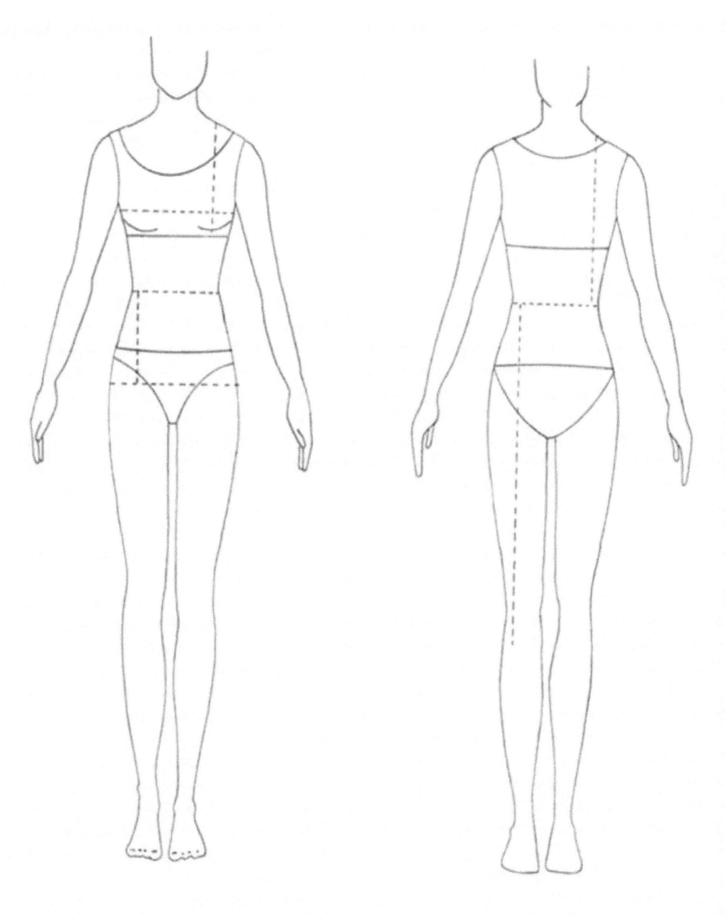

Create your fashion design

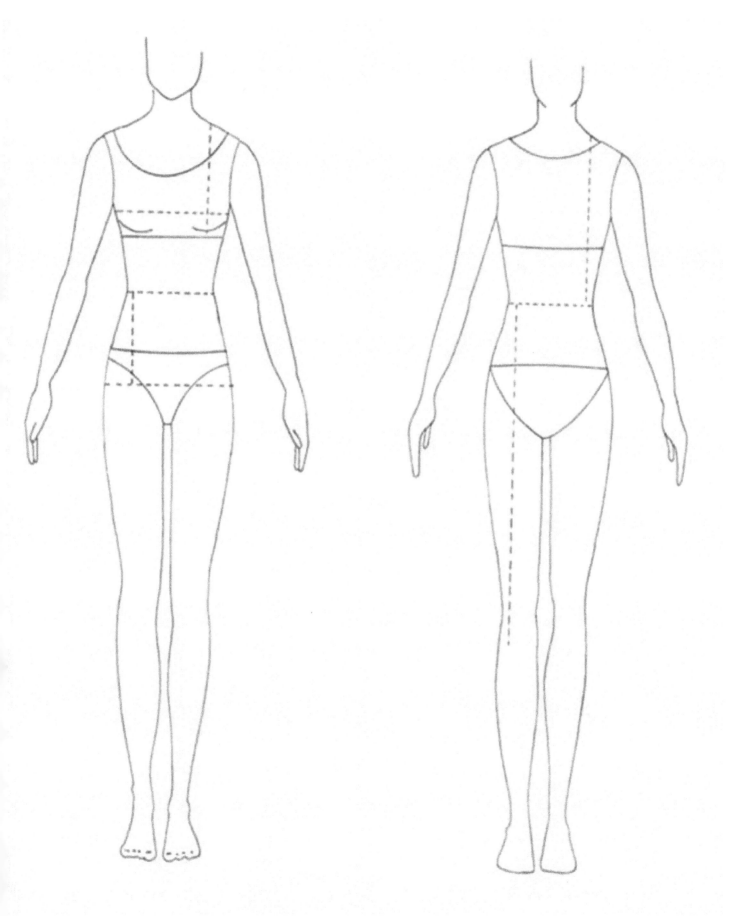
Create your fashion design

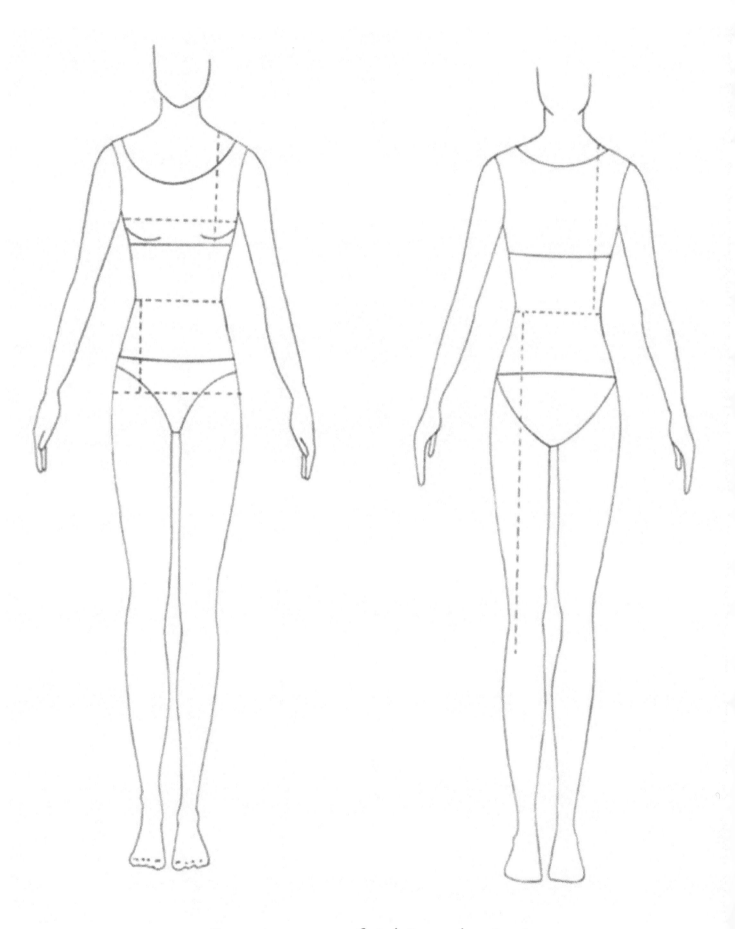

Create your fashion design

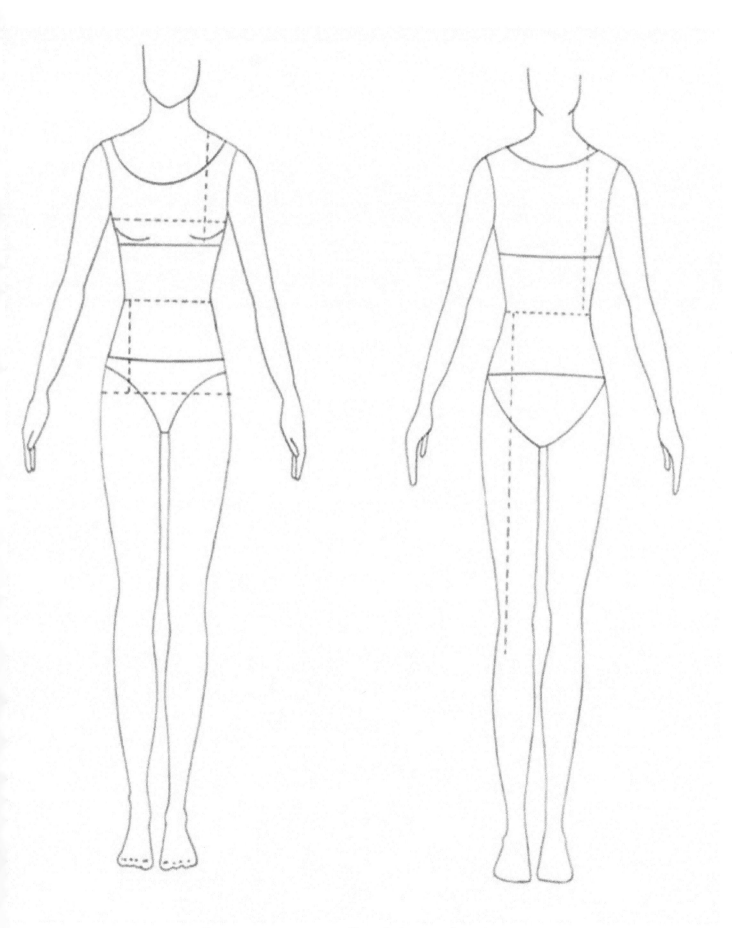

Create your fashion design

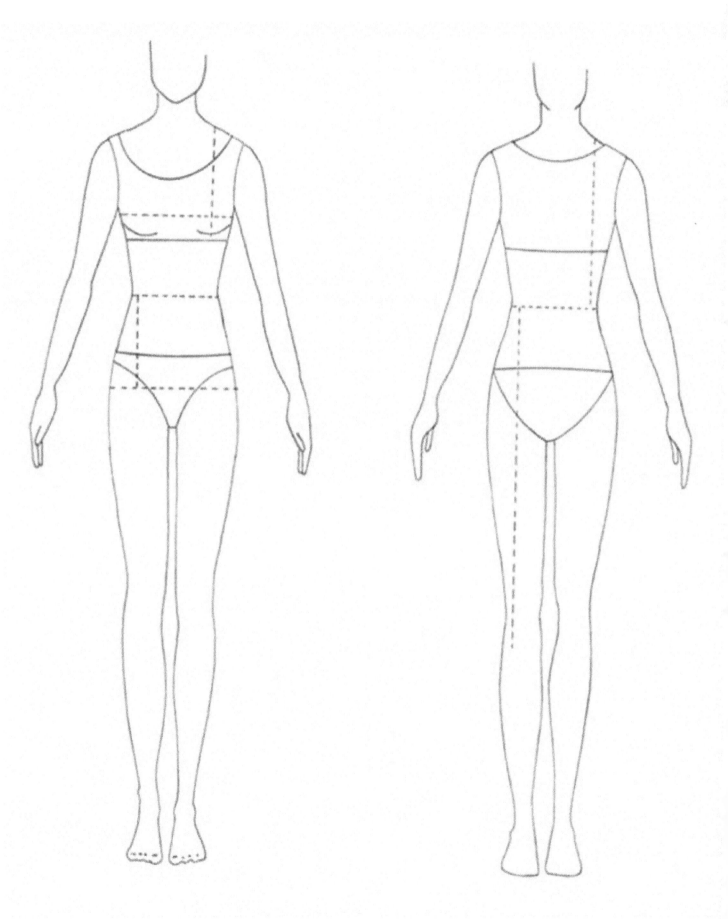

Create your fashion design

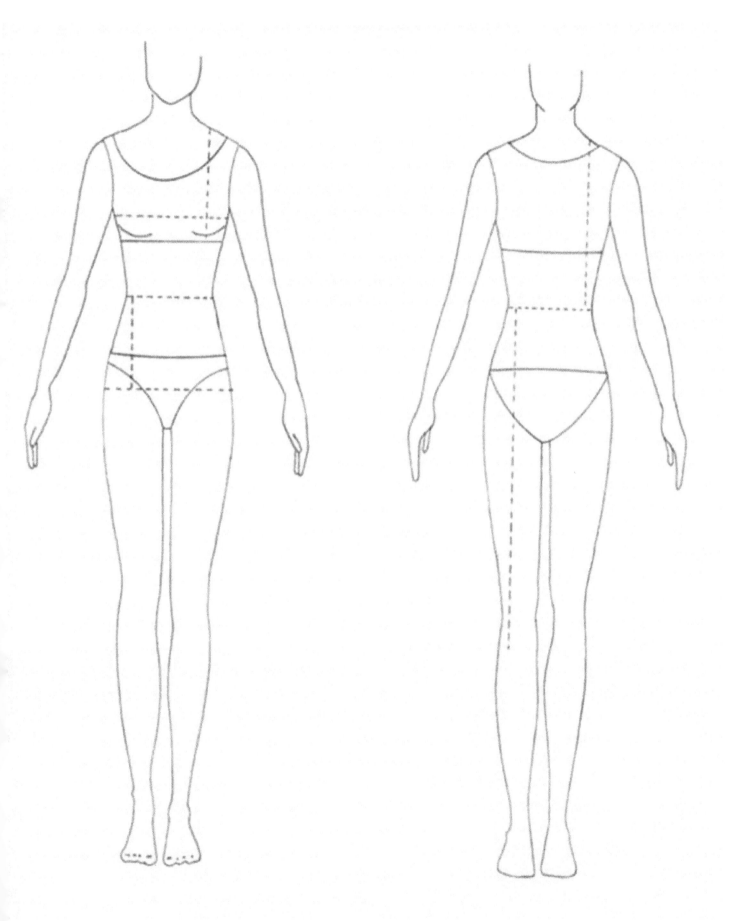

Create your fashion design

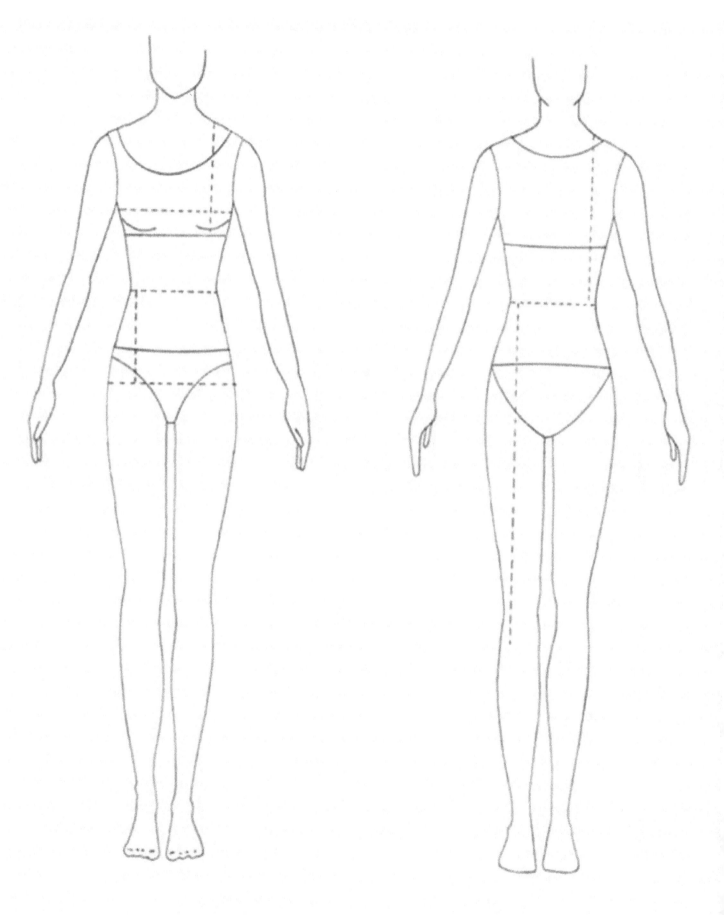

Create your fashion design

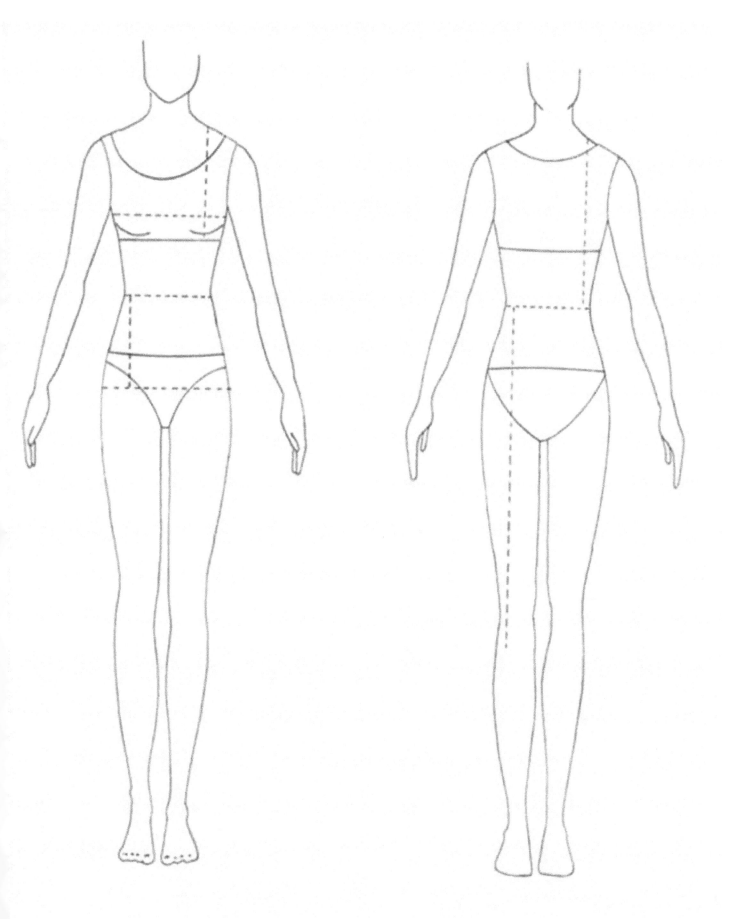

Create your fashion design

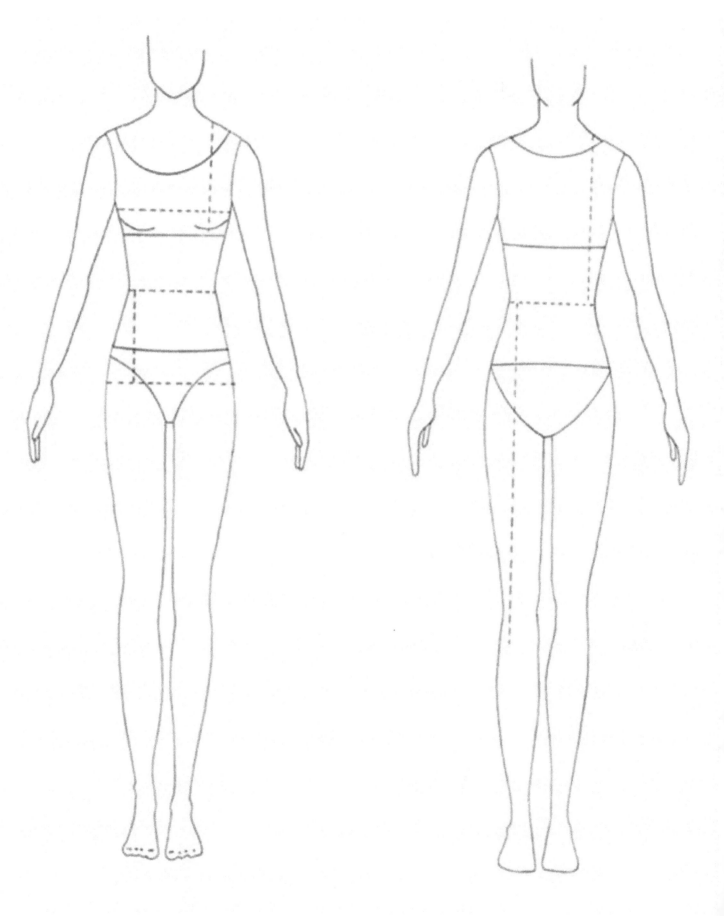

Create your fashion design

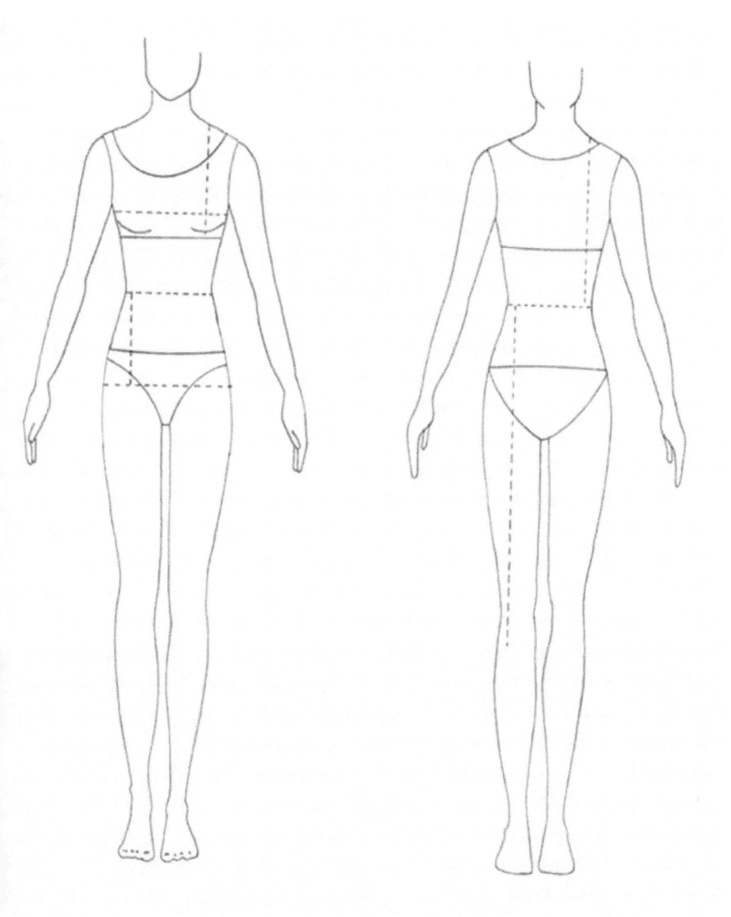

Create your fashion design

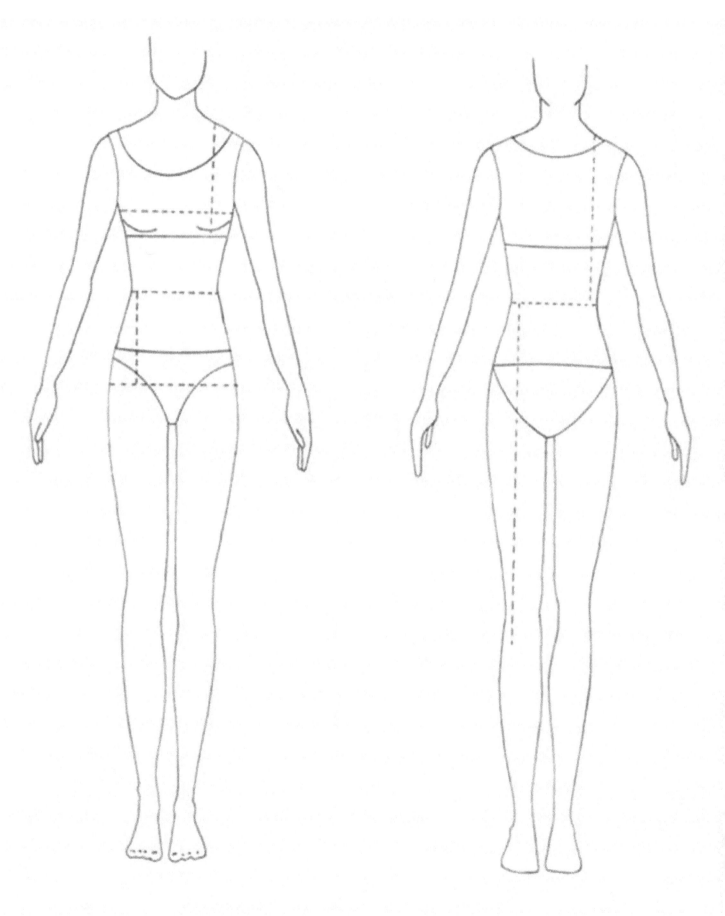

Create your fashion design

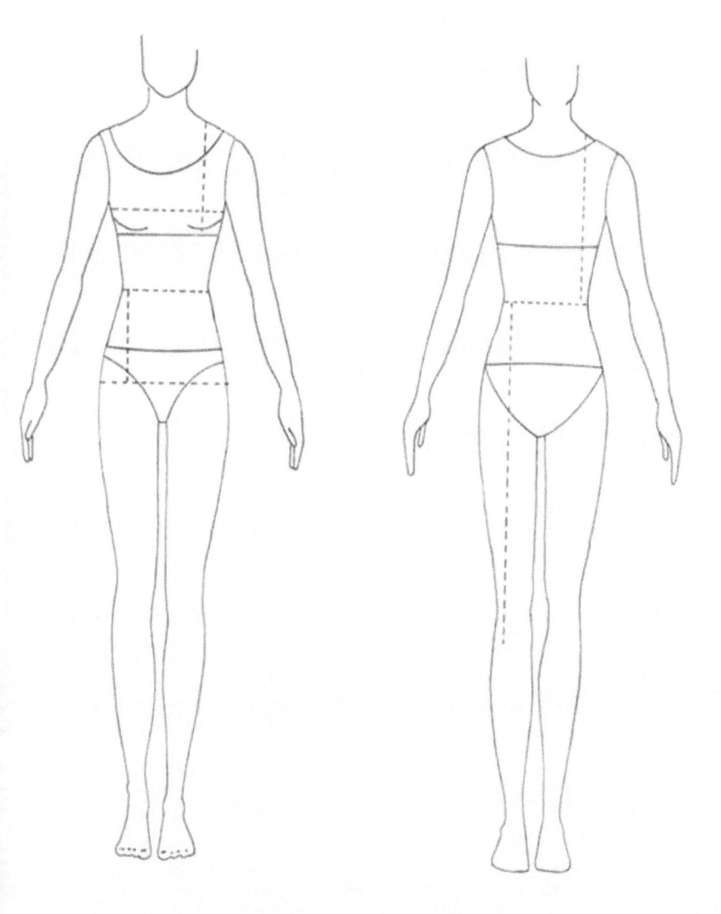

Create your fashion design

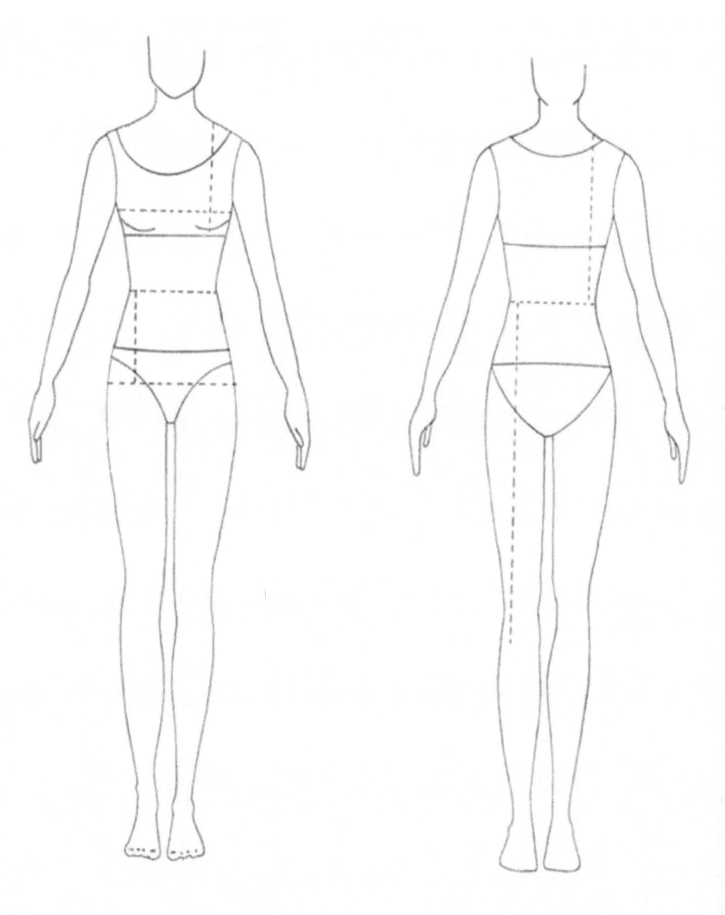

Create your fashion design

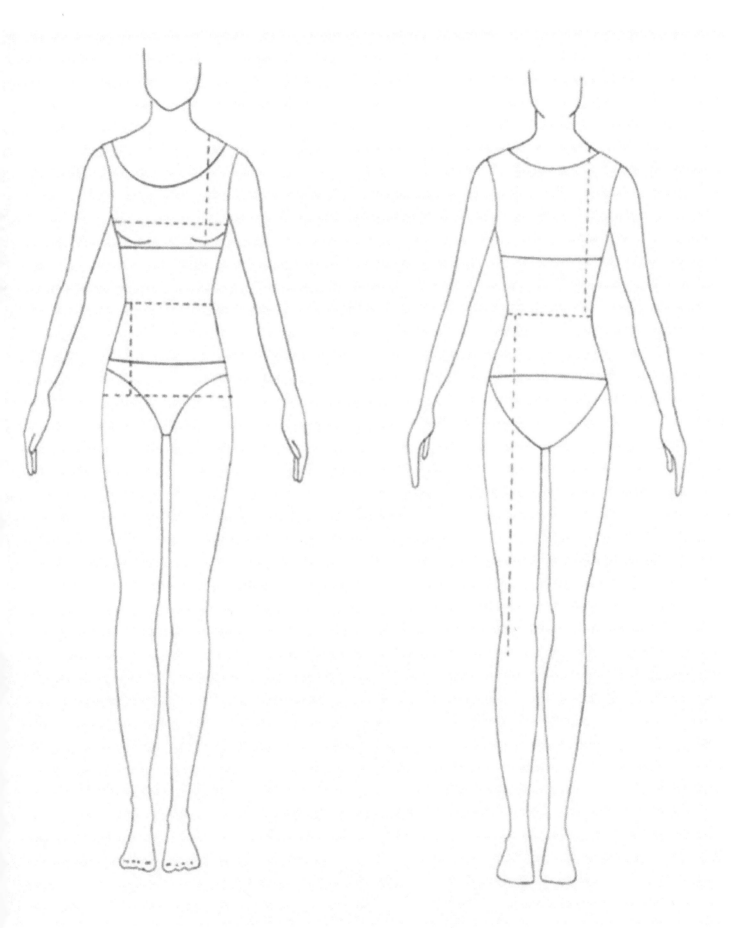

Create your fashion design

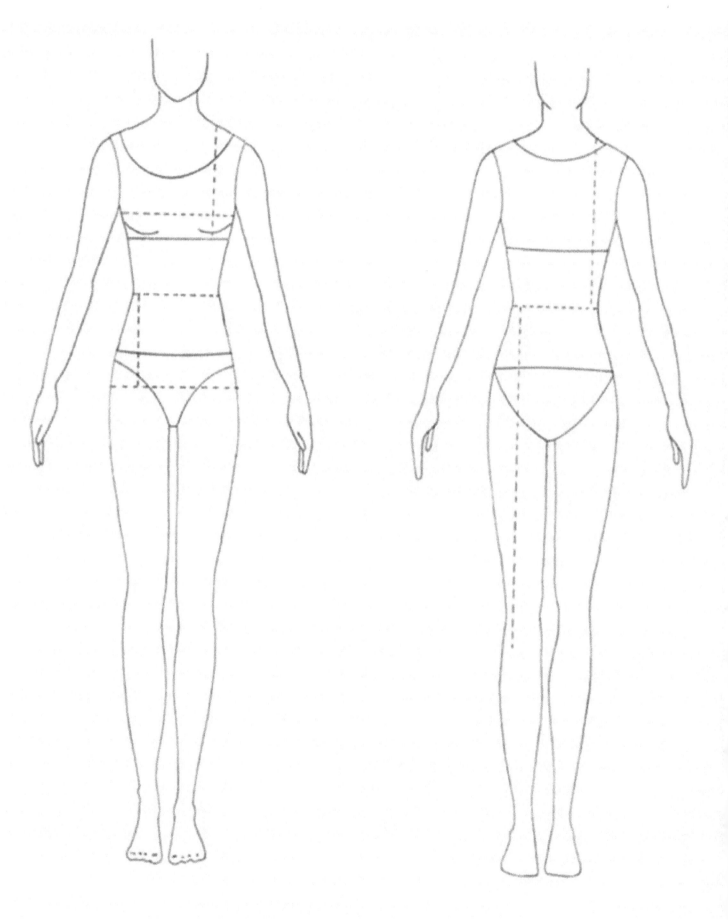

Create your fashion design

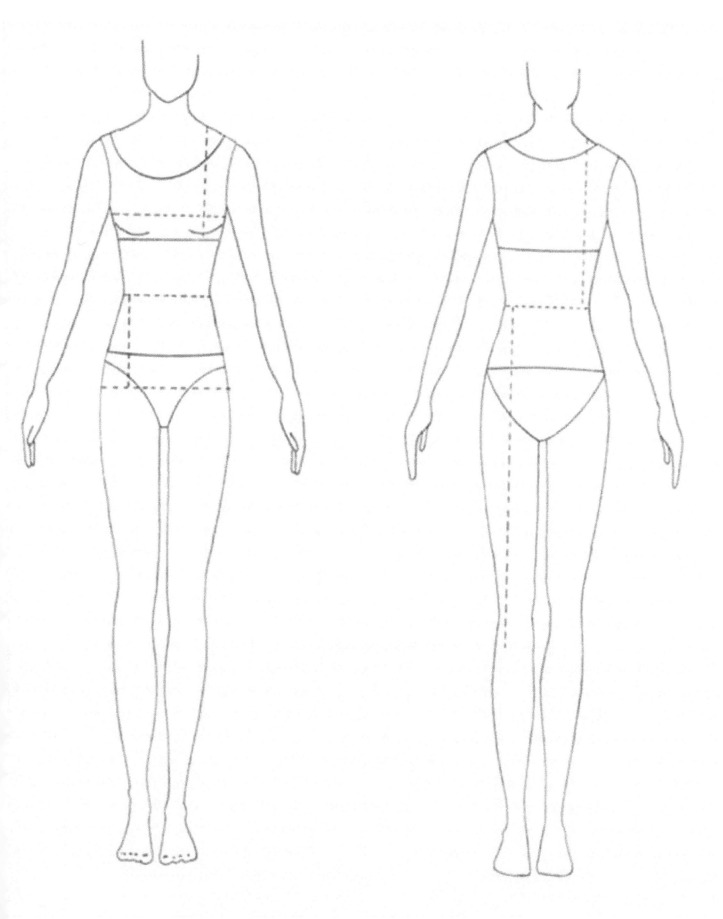

Create your fashion design

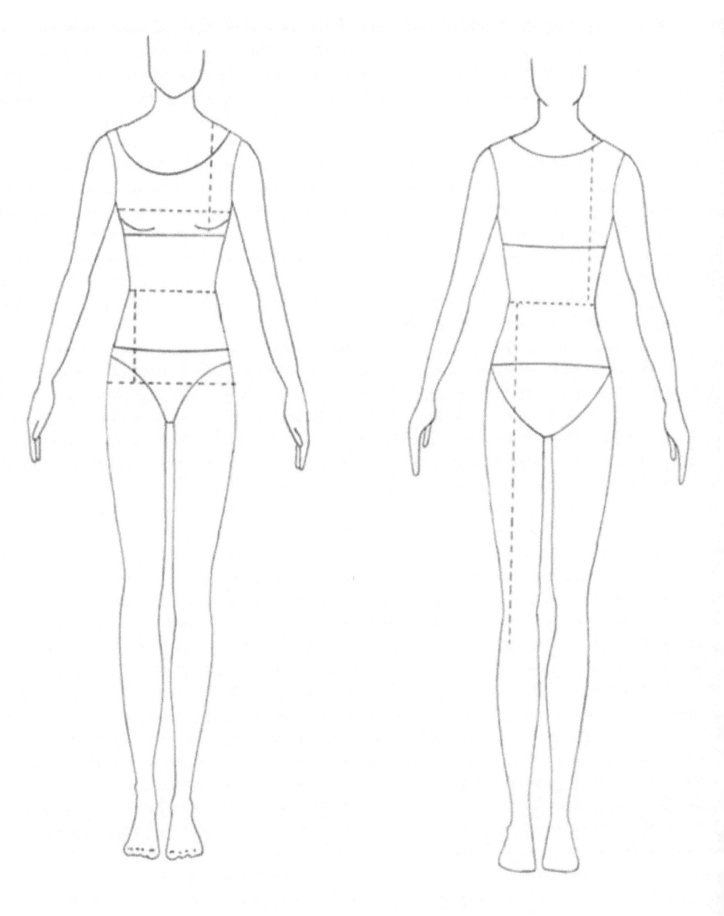

Create your fashion design

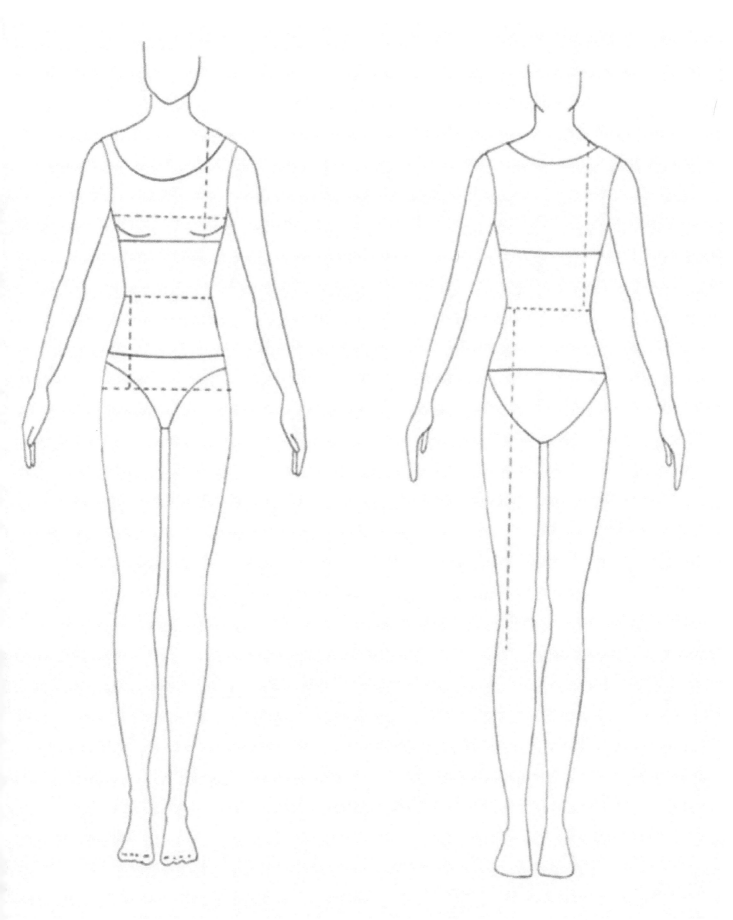

Create your fashion design

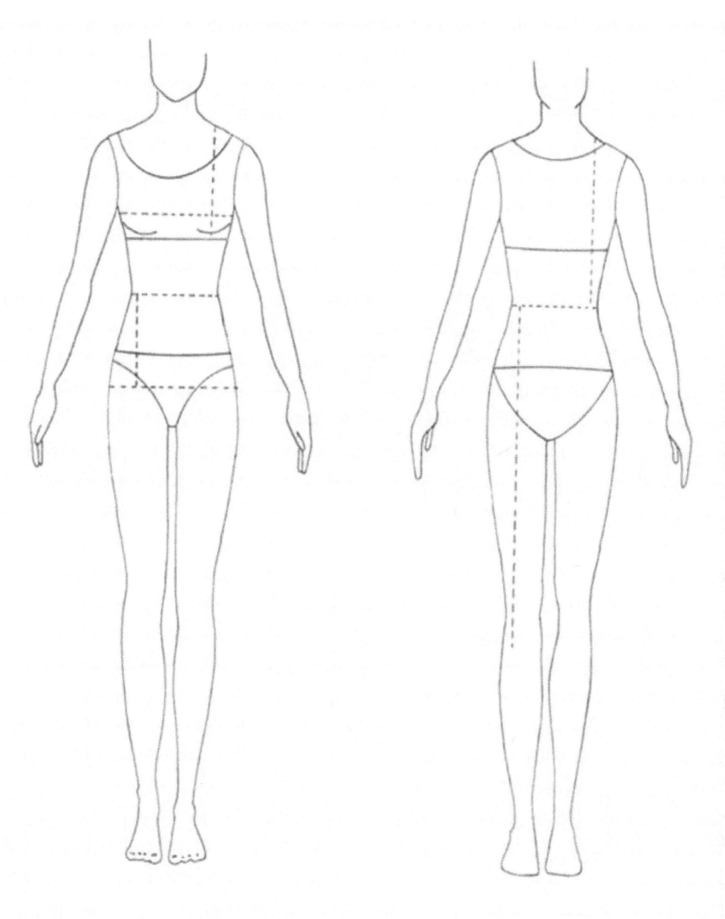

Create your fashion design

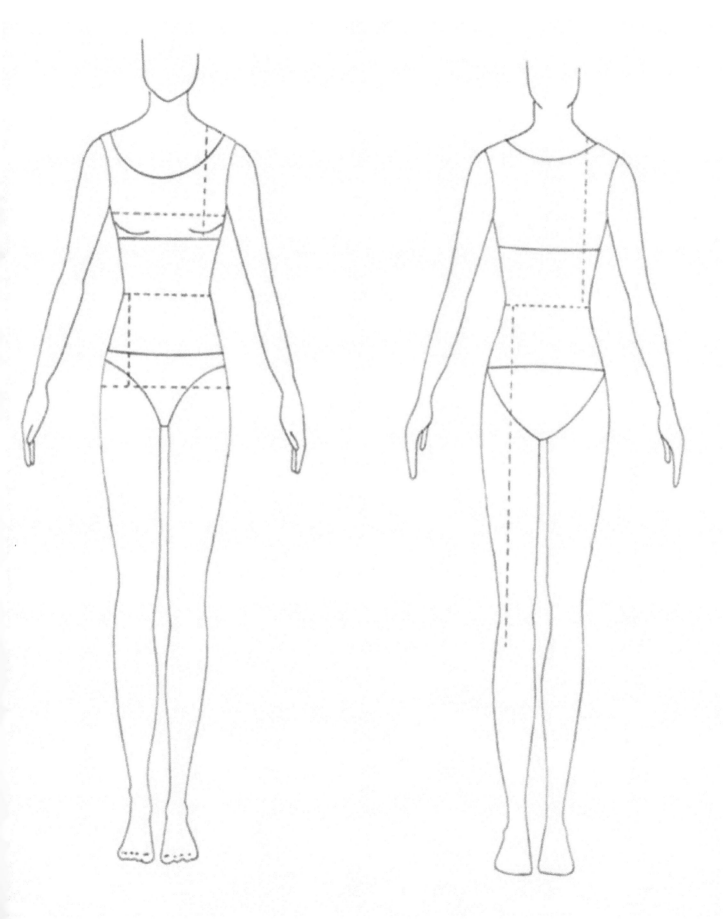
Create your fashion design

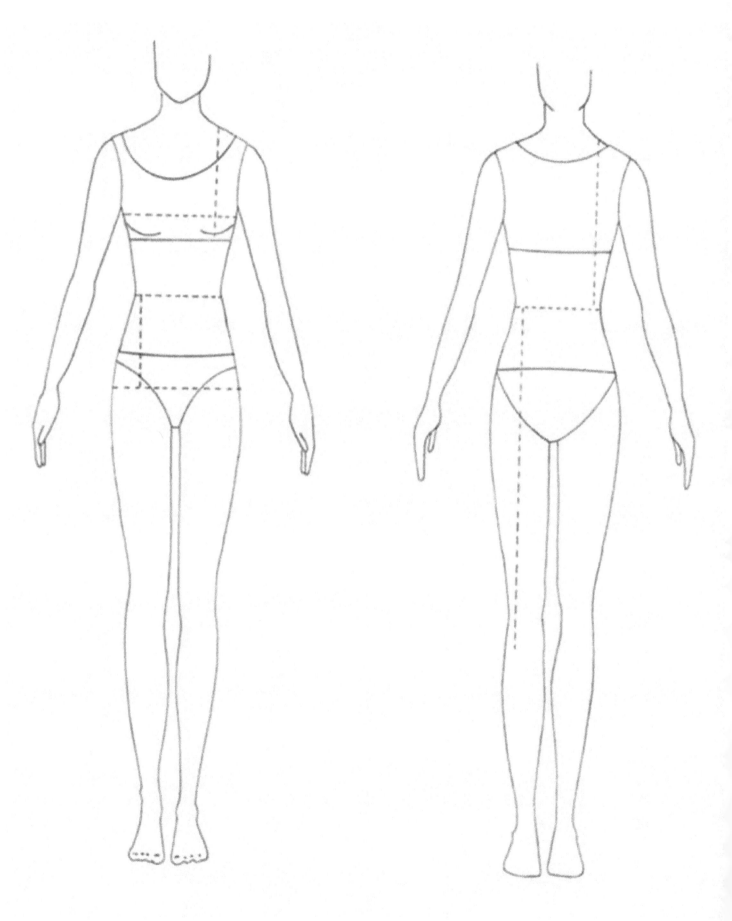

Create your fashion design

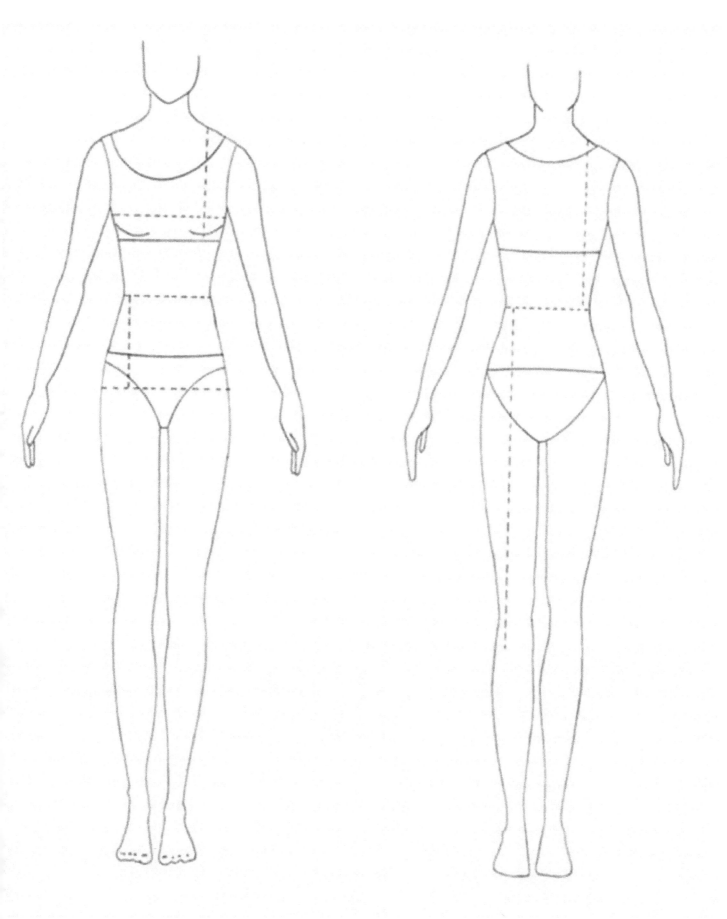

Create your fashion design

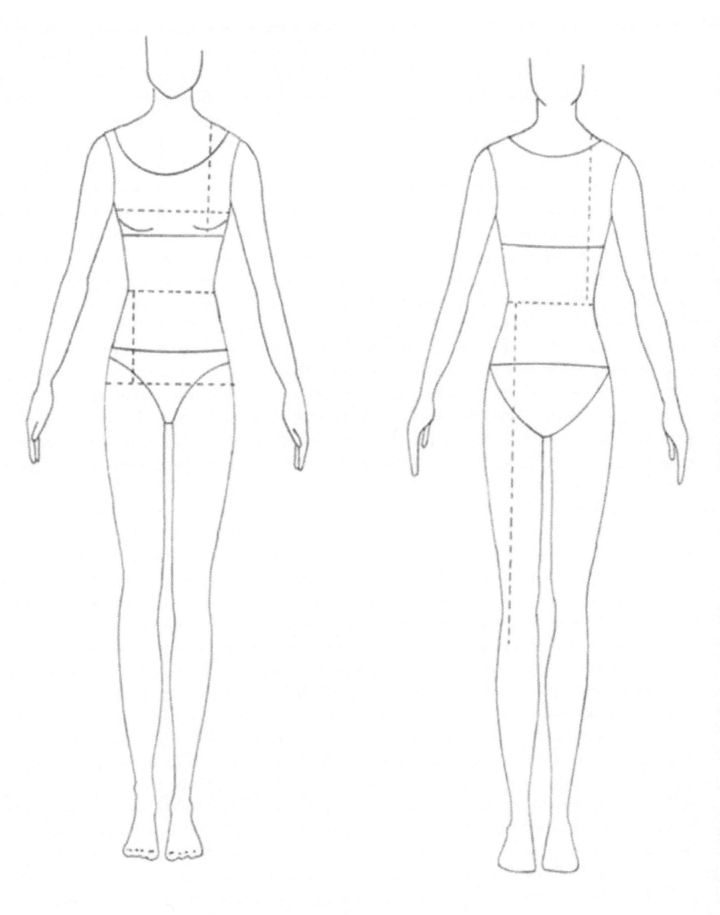

Create your fashion design

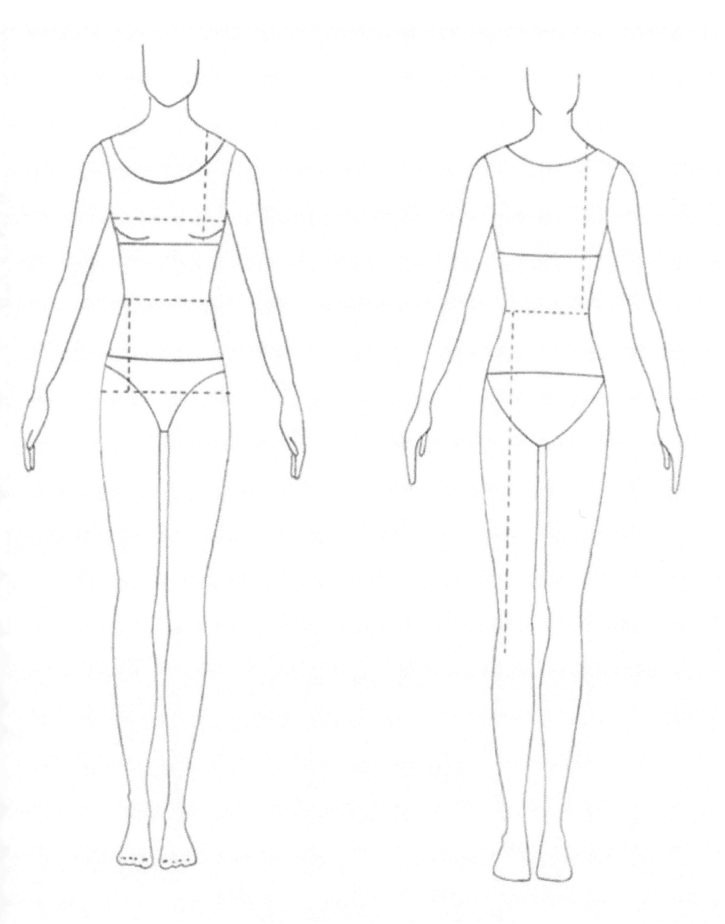

Create your fashion design

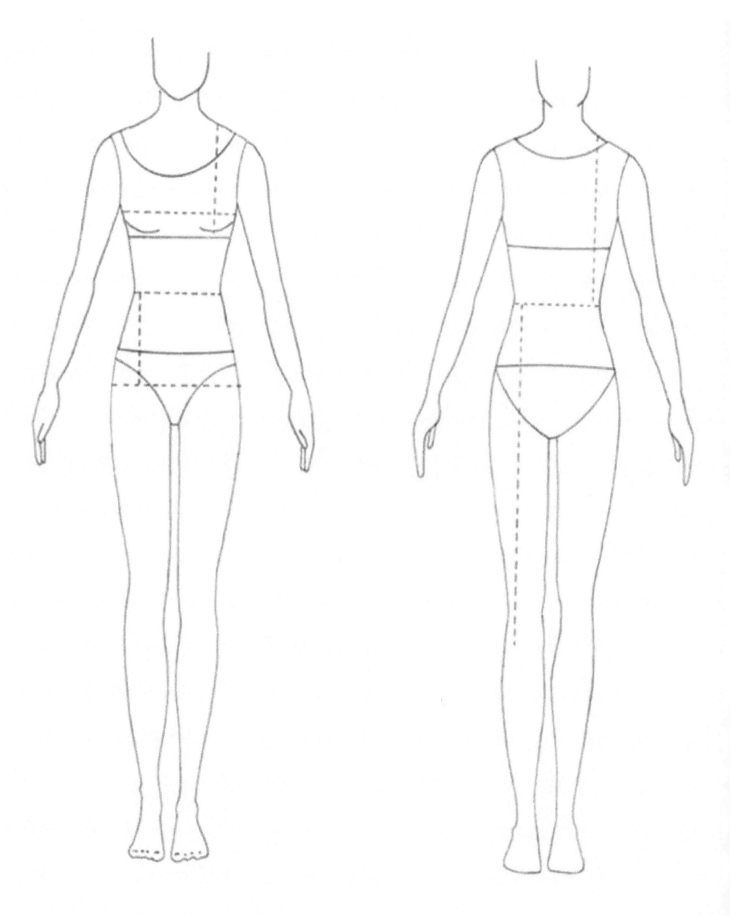

Create your fashion design

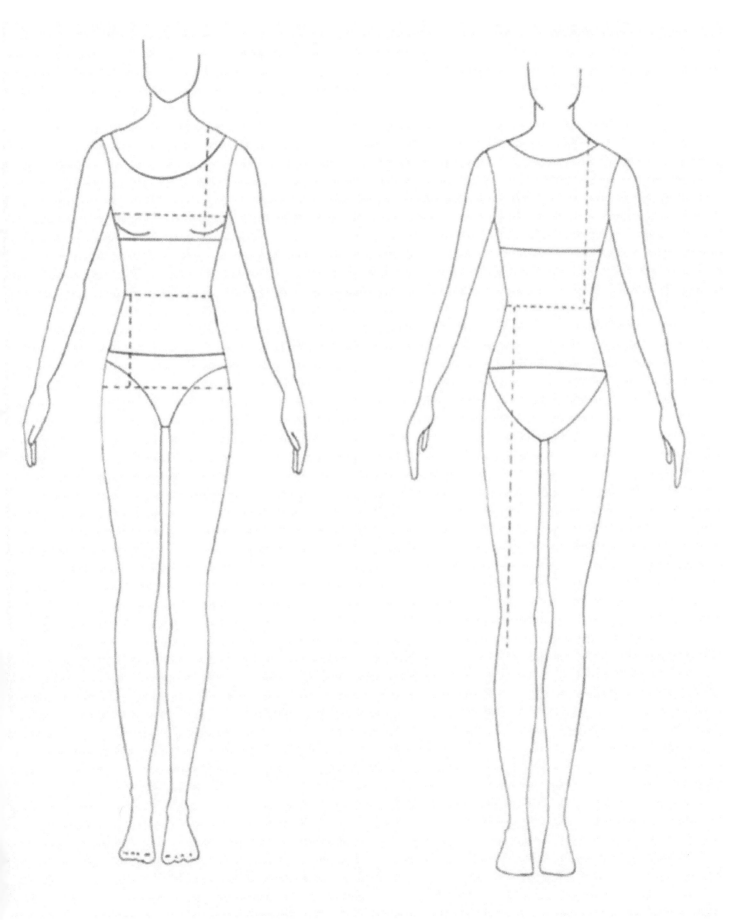

Create your fashion design

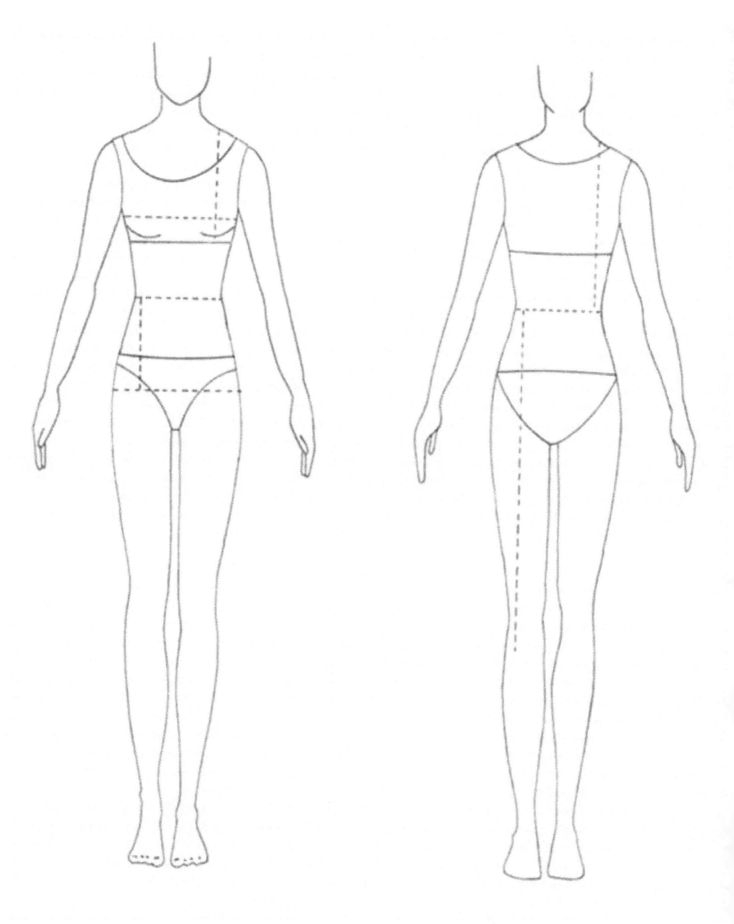

Create your fashion design

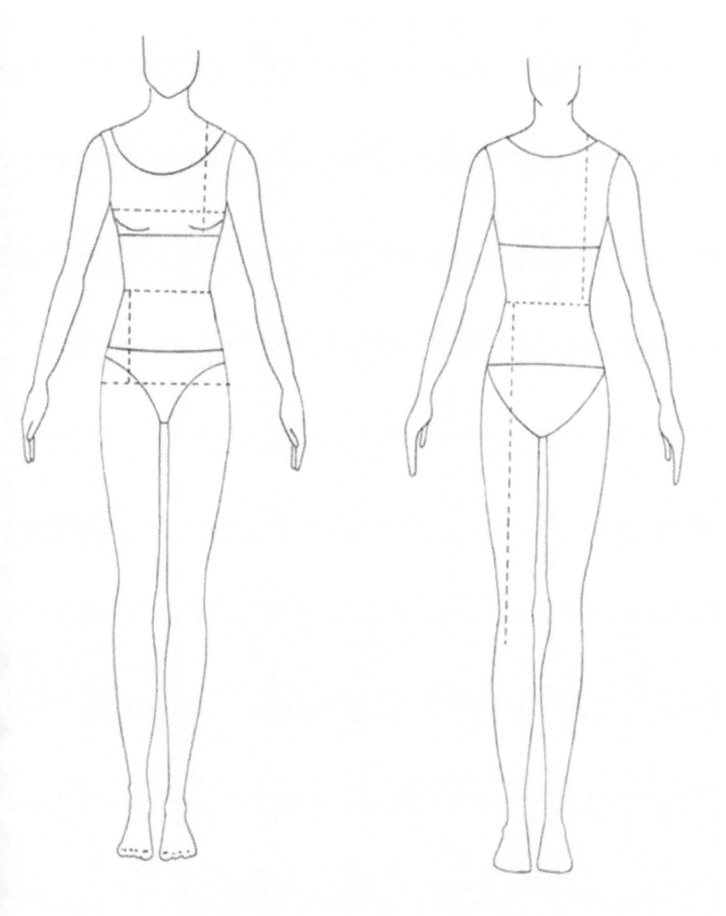

Create your fashion design

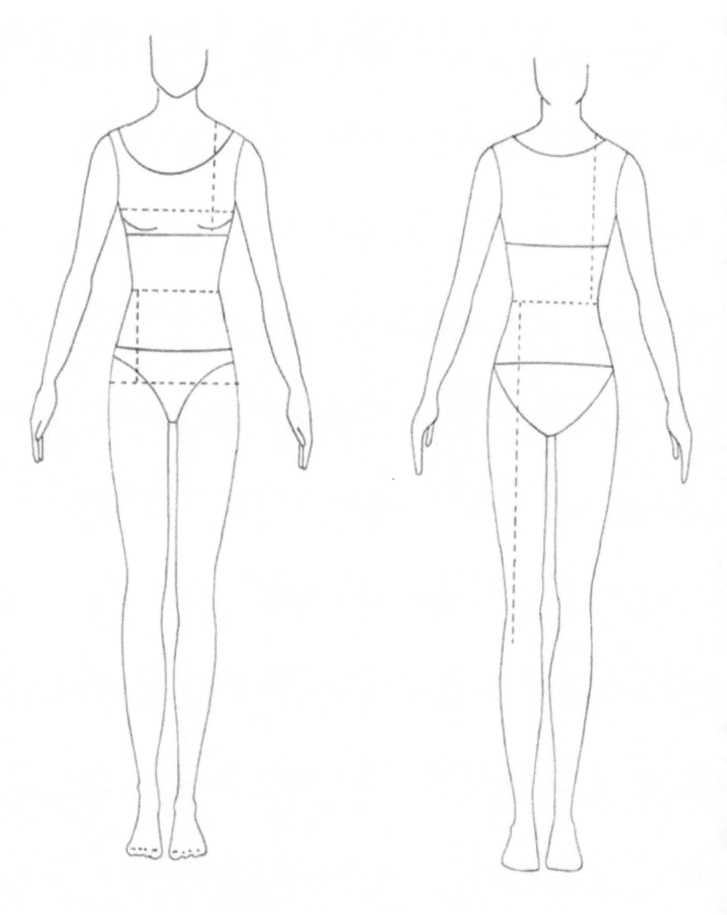

Create your fashion design

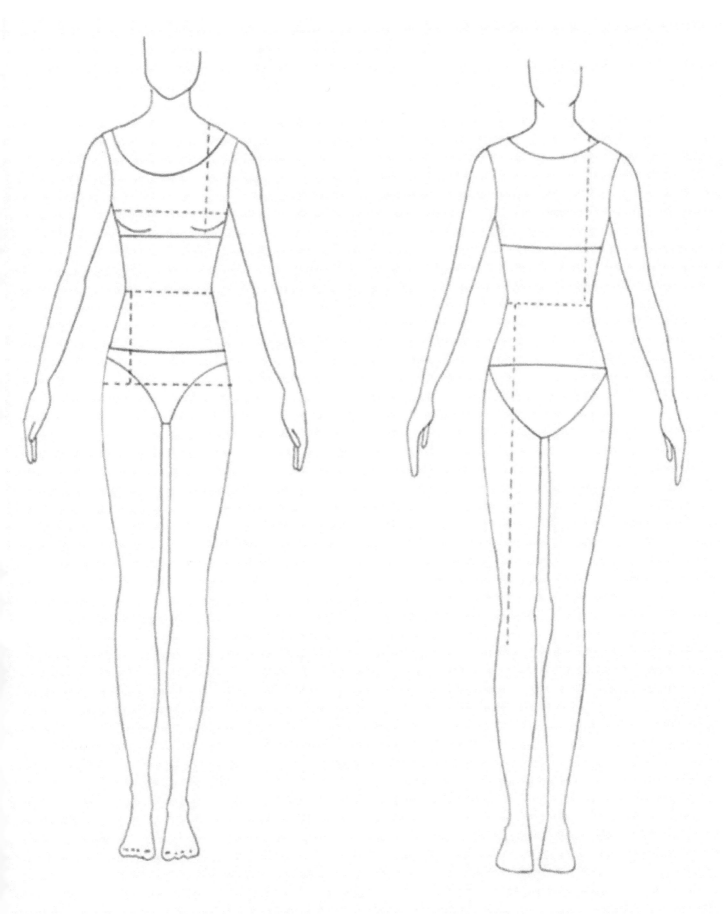

Create your fashion design

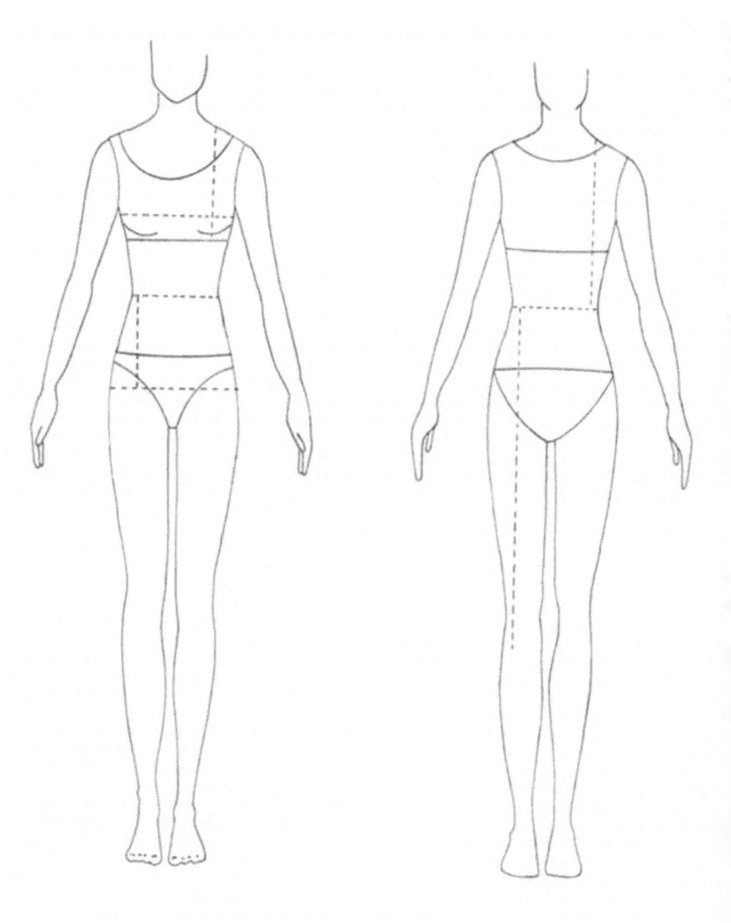

Create your fashion design

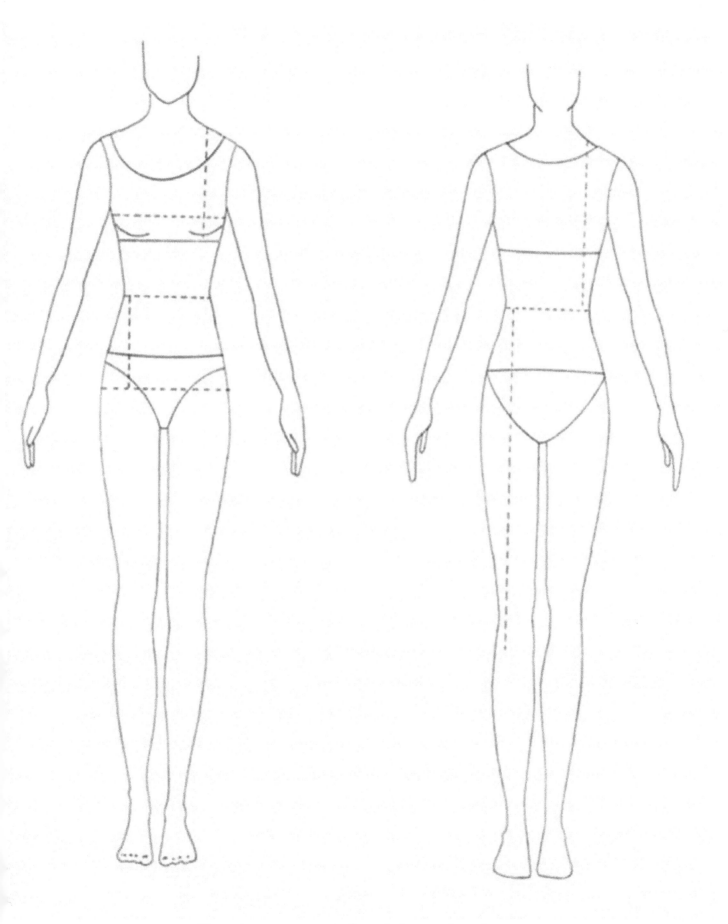

Create your fashion design

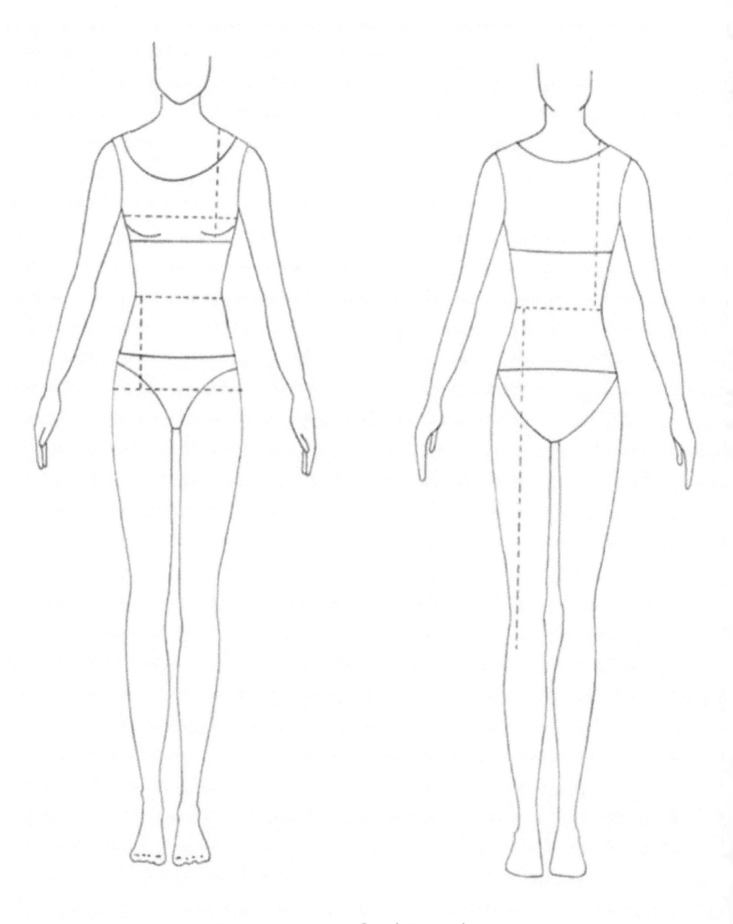

Create your fashion design

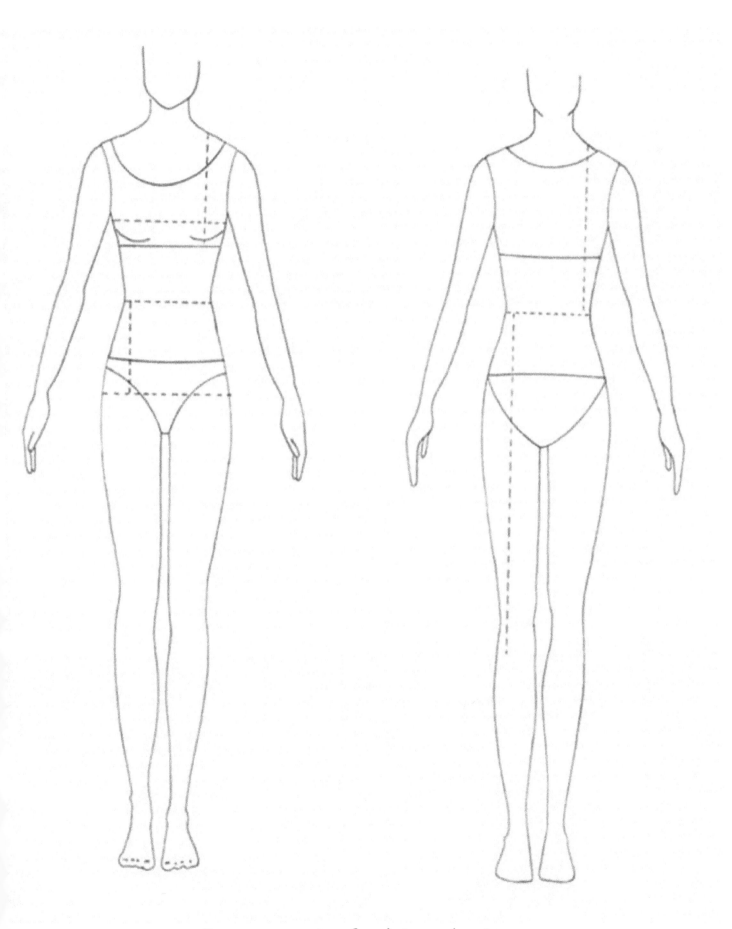

Create your fashion design

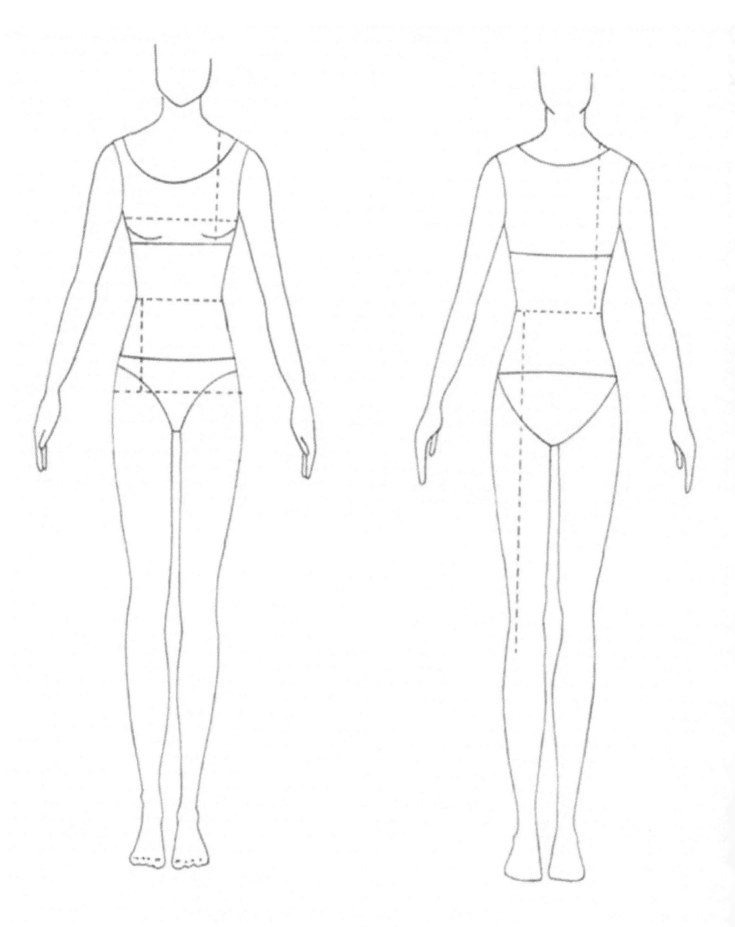

Create your fashion design

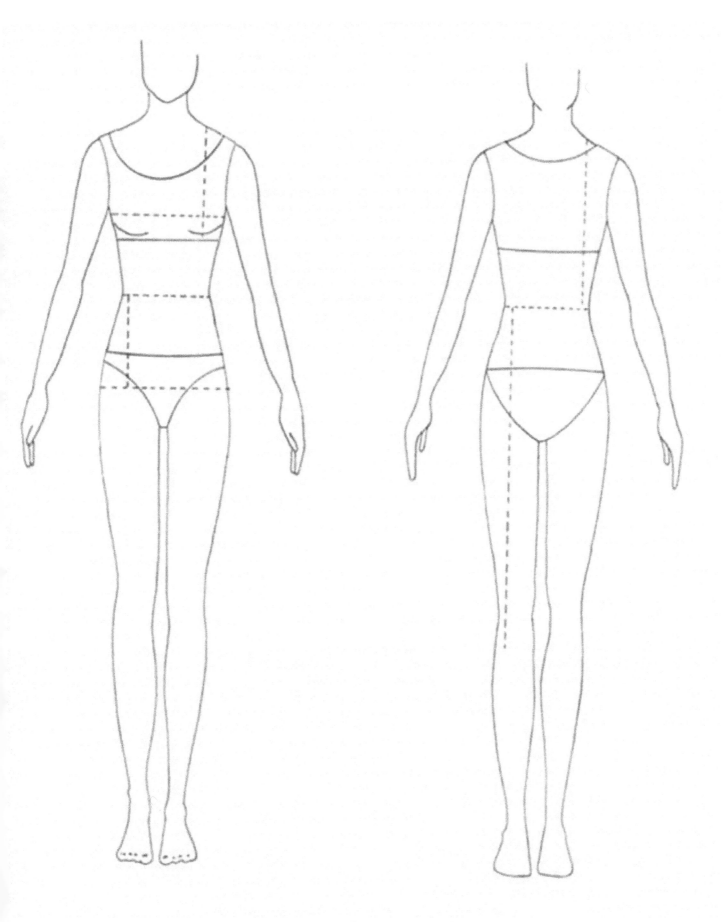

Create your fashion design

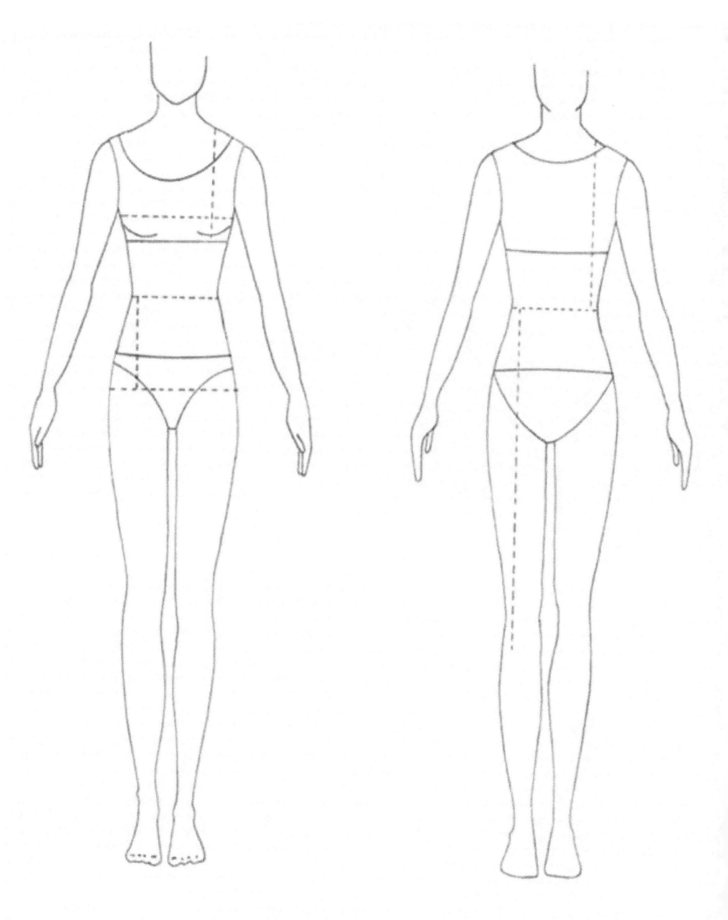

Create your fashion design

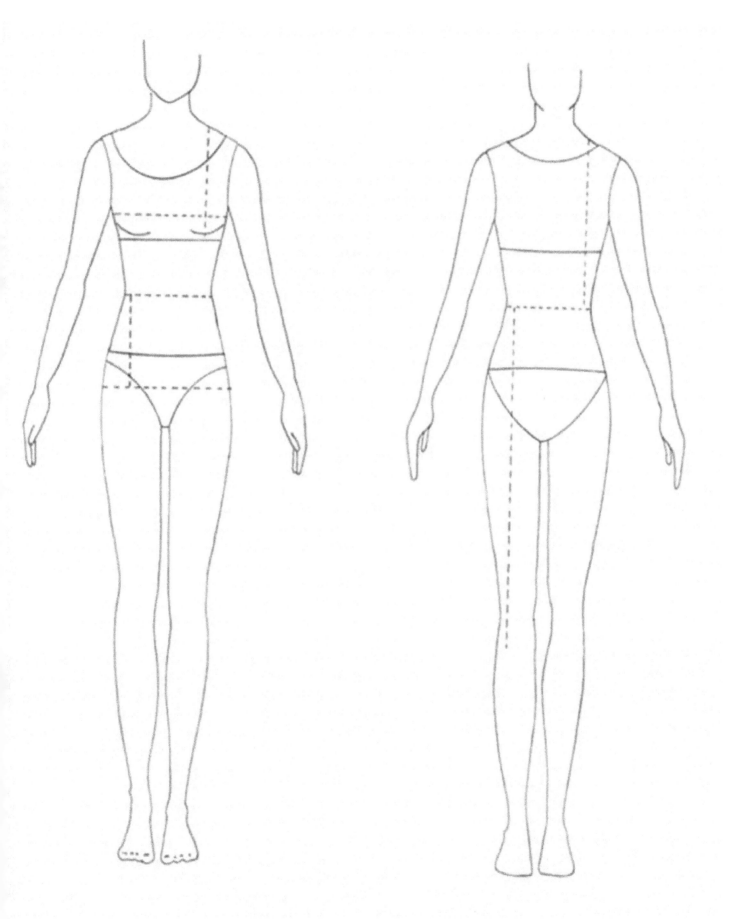

Create your fashion design

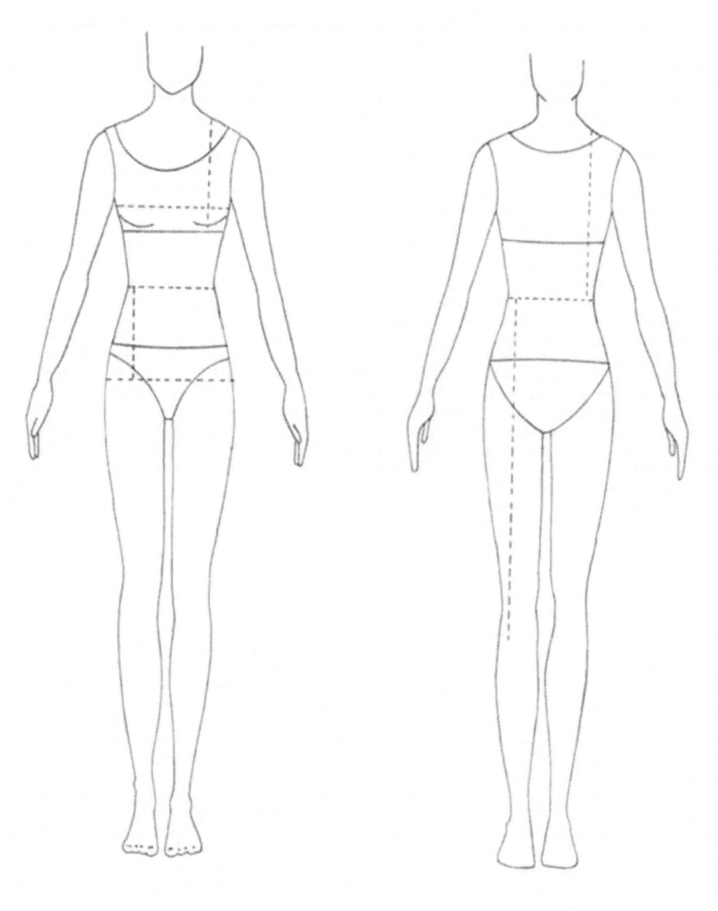

Create your fashion design

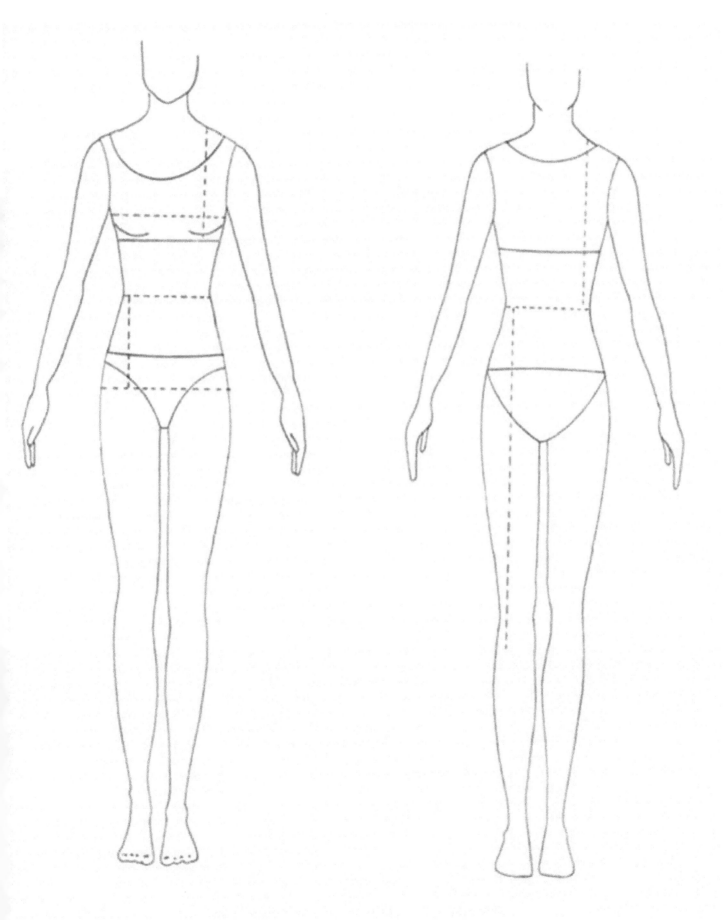

Create your fashion design

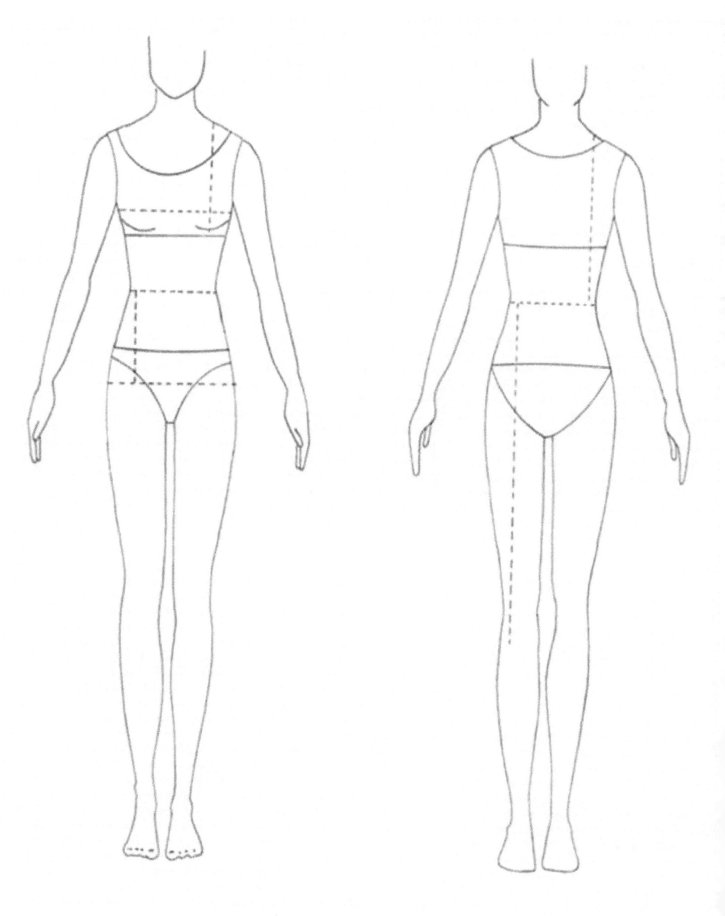

Create your fashion design

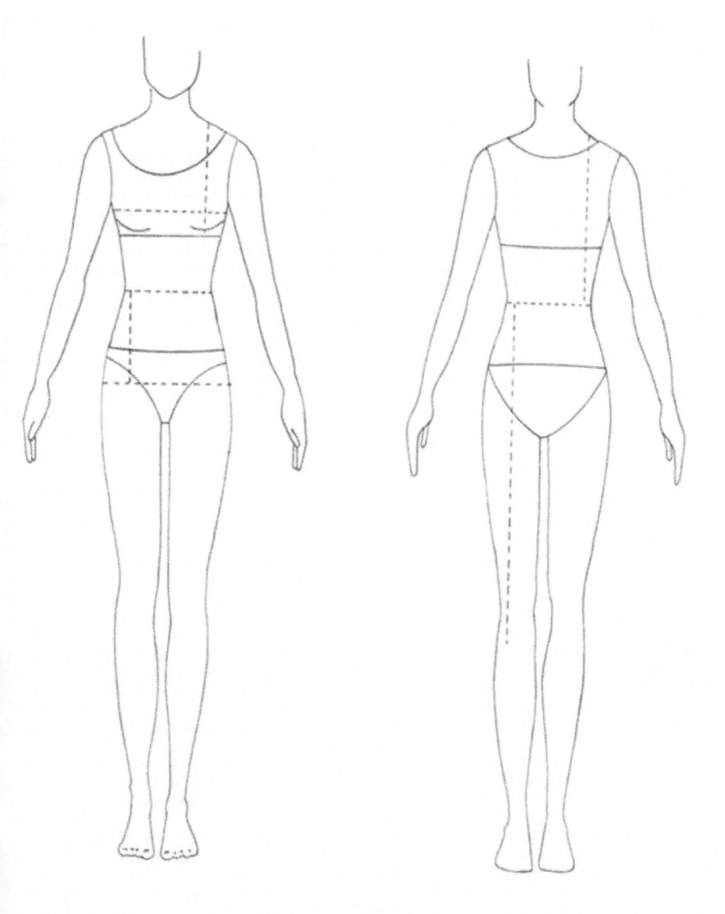

Create your fashion design

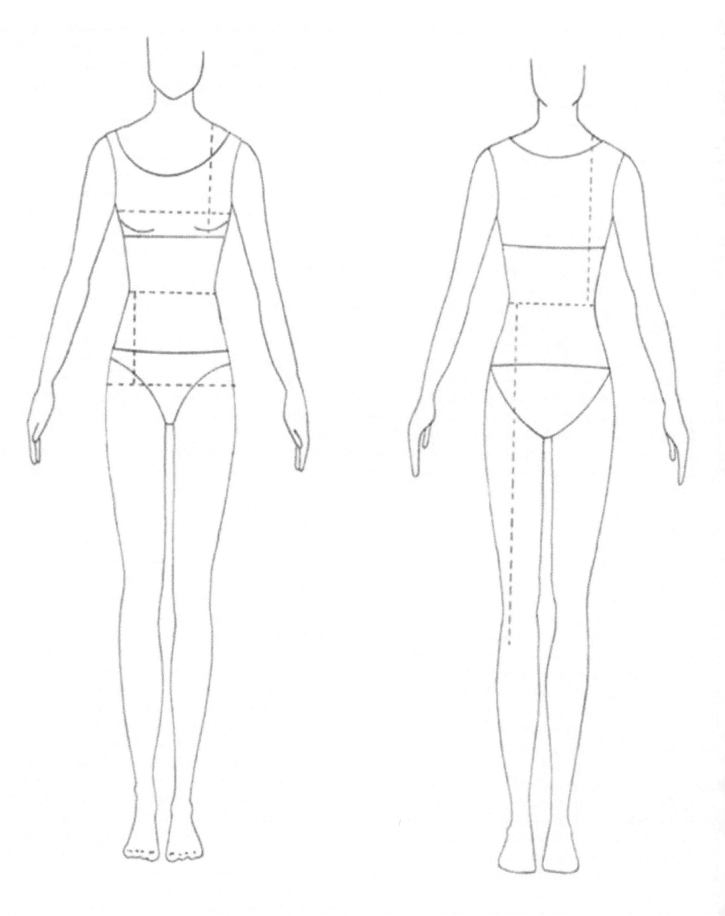

Create your fashion design

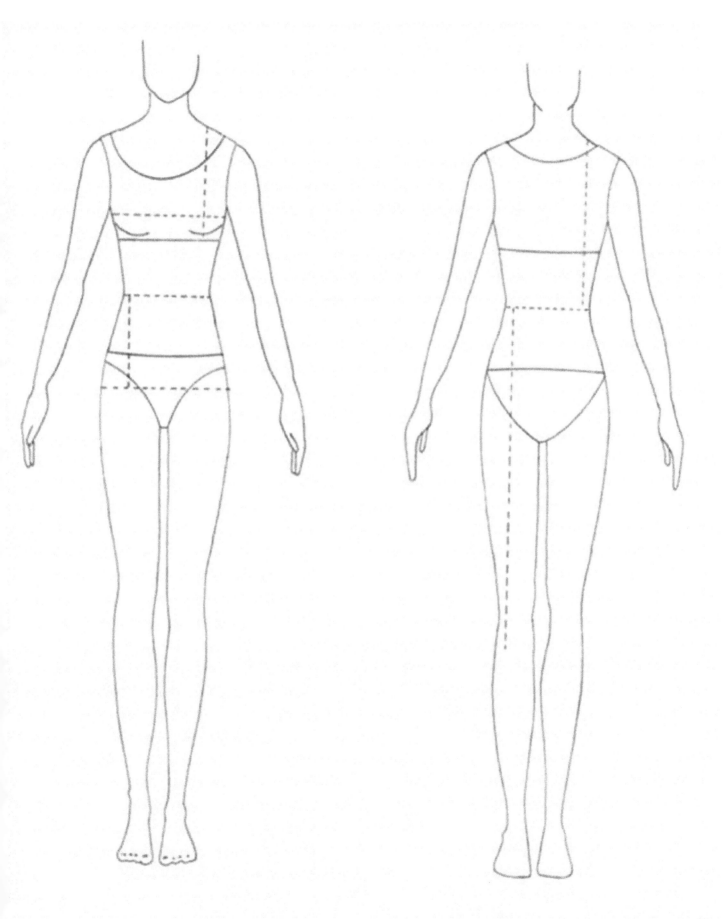

Create your fashion design

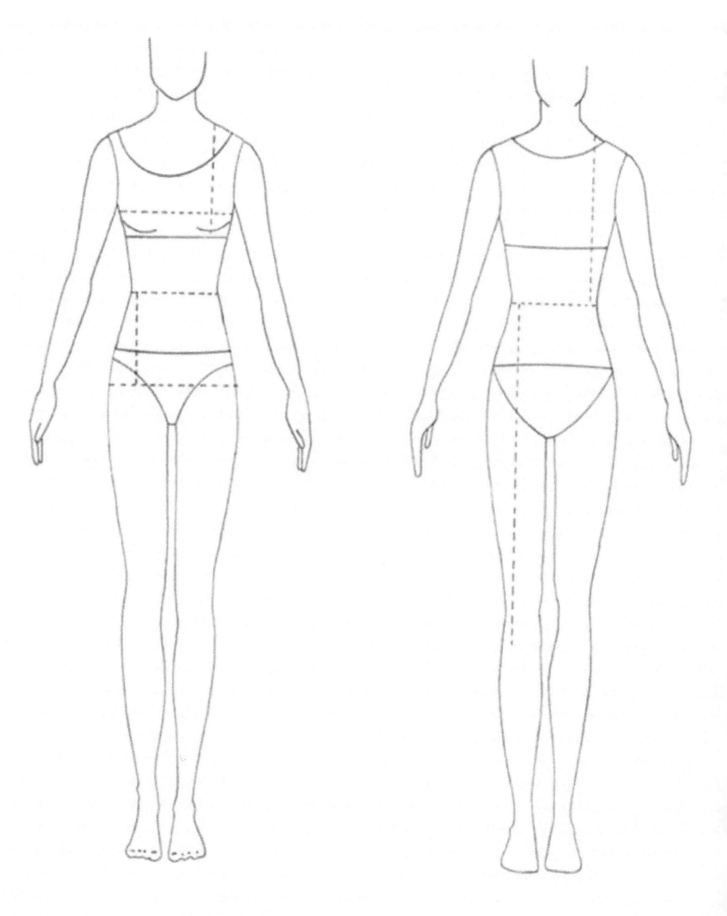

Create your fashion design

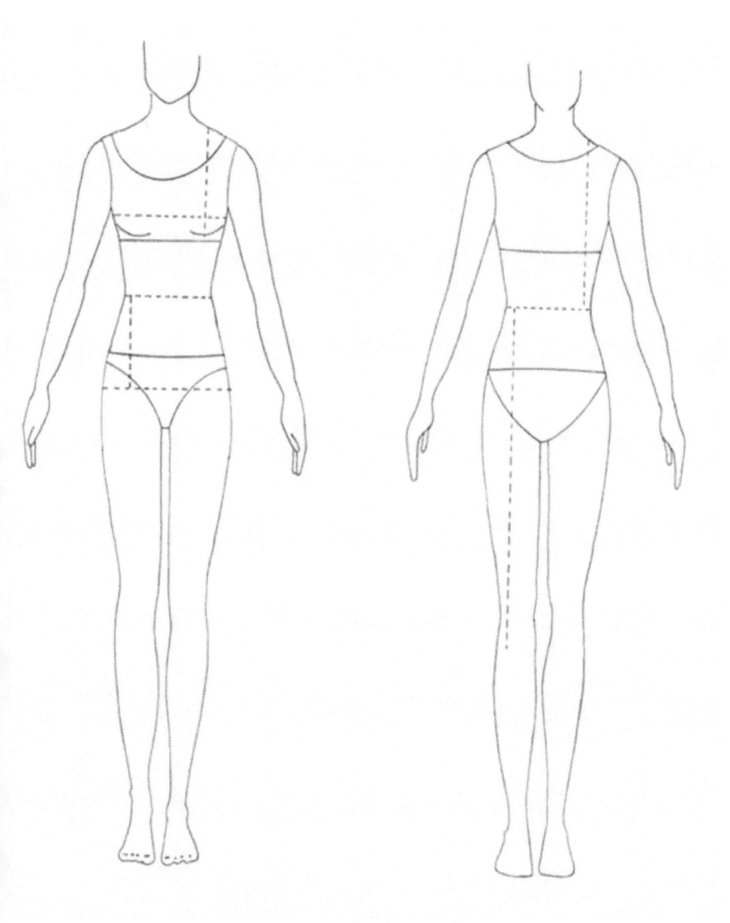

Create your fashion design

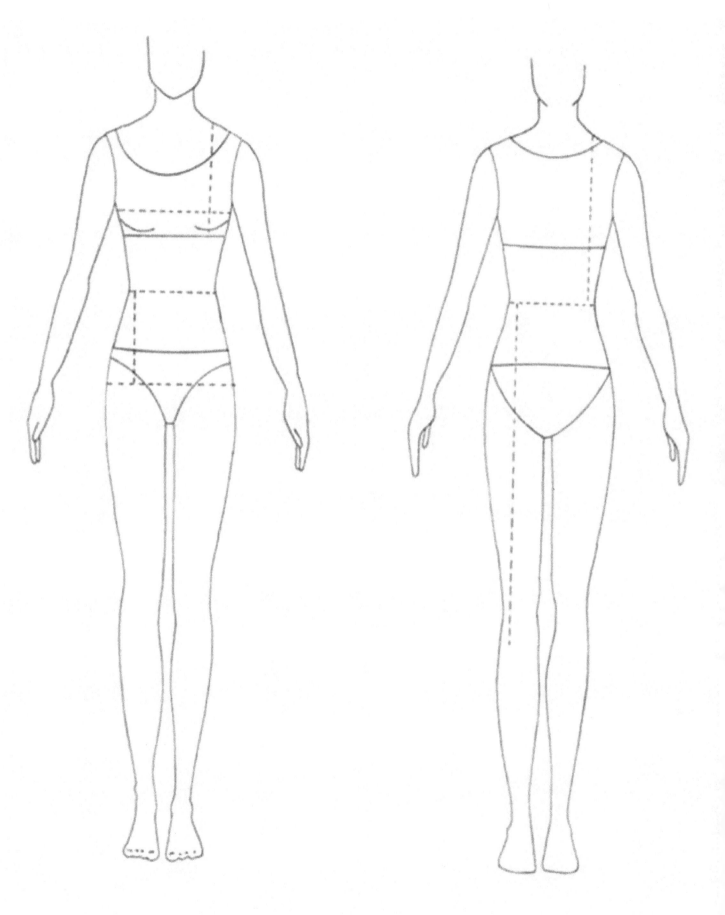

Create your fashion design

Printed in the USA
CPSIA information can be obtained
at www.ICGtesting.com
LVHW081612141124
796653LV00017B/798